CORAGEM

Sandra Ford Walston

CORAGEM

Coração e alma de toda mulher

SEXTANTE

tradução
Mag Bicalho
Teresa B. Carvalho da Fonseca

preparo de originais
Regina da Veiga Pereira

revisão
Antonio dos Prazeres
Clara Diament
Sérgio Bellinello Soares

projeto gráfico e diagramação
Valéria Teixeira

capa
Carolina Vaz

fotolitos
R R Donnelley América Latina

impressão e acabamento
Cromosete Gráfica e Editora Ltda.

CIP-BRASIL. CATALOGAÇÃO-NA-FONTE
SINDICATO NACIONAL DOS EDITORES DE LIVROS, RJ

W19c Walston, Sandra Ford, 1946-
Coragem / Sandra Ford Walston; [tradução de Teresa Bulhões Carvalho da Fonseca, Maria Magdalena Bicalho]. – Rio de Janeiro: Sextante, 2003.

Tradução de: Courage
ISBN 85-7542-086-0

1. Coragem. 2. Mulheres – Psicologia. I. Título.

03-1766. CDD 179.6082
CDU 179.6-055.2

R. Voluntários da Pátria, 45 – Gr. 1.404 – Botafogo
22270-000 – Rio de Janeiro – RJ
Tel.: (21) 2286-9944 – Fax: (21) 2286-9244
Central de Atendimento: 0800-22-6306
E-mail: atendimento@esextante.com.br
www.sextante.com.br

Dedicado a

David,

sempre amado,

jamais

esquecido.

Sumário

Agradecimentos

Finalmente, chegou a hora de agradecer a todos que me ajudaram a tornar este livro uma realidade. Que alegria poder agradecer às almas generosas que apoiaram esta grande paixão. Poucas pessoas sabiam que, há muitos anos, eu queria escrever um livro sobre as mulheres e a coragem. A idéia ficou escondida na minha mente até que afinal chegou a hora de me testar e saber se minha visão é válida.

Nada pôde se materializar antes de eu ter um computador. Em dezembro de 1994, minha mãe, generosamente, me deu o dinheiro para comprar meu primeiro laptop, e comecei a coletar minhas idéias ao acaso, juntando material, com o pensamento de que algum dia eu poderia realmente começar este livro. Em março de 1995 fiz um curso que ensinava a atingir objetivos. Ele propunha que delineássemos detalhadamente as áreas de nossas vidas que gostaríamos de mudar, transformando-as em algo real e possível. No que dizia respeito à minha carreira, mencionei como o primeiro objetivo a conquistar nos próximos cinco anos "escrever um livro de não-ficção sobre as mulheres e a coragem". Para definir este objetivo, tomei nota, por ordem de importância, das ações que deveriam ser empreendidas e listei oito tarefas que eu precisaria realizar para consegui-las.

Ao me pedirem que anotasse na coluna "O que deve ser melhorado para que você seja bem-sucedida", instintivamente coloquei apenas um item: "a capacidade de viver na incerteza". Ainda não tinha aprendido a viver desta forma.

Eu não tinha a menor idéia de como começar o processo que me levaria a escrever um livro. Conheci Mary Cook, autora e consultora de recursos humanos, que acabou se tornando minha amiga e mentora. Disse-me que eu tinha uma grande idéia e que deveria escrever sobre ela.

Janet Long ensinou-me como usar meu programa de computador e, por mais de dois anos, passou semanas transcrevendo minhas entrevistas. Karen Gilleland foi outra que me encorajou a continuar escrevendo.

Sinto-me abençoada por ter sido incentivada por todas essas mulheres, amigas talentosas e devotadas. Entre elas, Lauren Hildebrand foi quem editou meu primeiro trabalho. Mostrou-me, pela pobreza com que ele foi escrito, o medo que eu tinha de abandonar minha visão puramente intelectual e de me entregar à vulnerabilidade do meu coração. Morando fora da cidade, Lauren sempre respondia com rapidez aos meus fax, muitas vezes negligenciando seu trabalho para me ajudar. Ela sempre me deu um apoio positivo, nunca me deixou na mão, inclusive editou até o fim o último capítulo que escrevi.

Quando, num jantar, Catharyn Baird e eu fomos apresentadas, logo vi que encontrara uma mulher especial. Fui até ela e perguntei: "Quem é você? Preciso conhecê-la." Vimos que tínhamos muita coisa em comum, e logo ela se tornou uma amiga valiosa. Durante mais de um ano, de dez em dez dias, Catharyn vinha a minha casa, ia direto para a mesa onde estavam meus livros e papéis e espalhava-os pelo chão, me encorajando e me alimentando emocionalmente. Sentadas lado a lado, enquanto ela olhava o que eu tinha feito, sentia-me protegida e confiante. Ela sempre me ajudou, ao longo dos contratempos, frustrações e tristezas, até que consegui encontrar a voz da minha própria mensagem e a escritora que havia em mim.

Cada vez que eu ficava insegura, aparecia uma amiga para debater minha tese e os meus escritos. Um dia, encontrei Angelique Matney, minha querida amiga, quando passava na porta de um café. Conversamos, e eu precisei me conter, pois, angustiada, não conseguia falar e deixar clara a mensagem do meu livro. Fingindo ser Oprah, a conhecida entrevistadora da televisão americana, Angelique fez uma série de perguntas que me ajudaram a clarear o sentido do que eu queria dizer. Medos e restrições, que vieram com a diminuição de renda, causaram depressão, conspirando para que eu desistisse. Mas, de cada vez, Deus me mandava uma ajudante que eu chamava de "mãos estendidas", alguém que me oferecia seu apoio e seus conhecimentos. A reverenda Analea Rawson, principal pastora da igreja Comunidade do Caminho de Deus, deu a inspiração de que eu precisava para viver a minha fé.

Encontrei Becky Lennon quando fiz uma palestra para um grupo de mulheres profissionais. Ela era uma das participantes. Na palestra, mencionei meu livro sobre mulheres e coragem; depois que acabou o programa, procurei-a e pedi que lesse o meu livro e opinasse. Becky, advogada e escritora talentosa e atenta, concordou. Apesar de muito ocupada com um bebê recém-nascido e compromissos constantes, ela não só leu como também editou todo o meu projeto. Que bênção contar com a energia dessa nova amiga.

Anne Lieberman muitas vezes me animou. E Tom Kanam gastou um tempo precioso da sua atribulada vida de advogado colocando-se como "professor de inglês" para editar diversas versões do livro. Dee Marvine editou o manuscrito, e, tenho certeza, diversas vezes deixei-a enlouquecida. Ela contribuiu com importantes sugestões a cada passo do caminho.

Quando o manuscrito completo entrou na primeira etapa para ser editado, encontrei outra mulher talentosa, Anne Stanwick. Emocionou-me o fato de ela ter se oferecido não só para ler o livro como para ajudar no processo de divulgação. Quase chorei, pois era um privilégio contar com a sua experiência. Carolyn Seigneur e Anne Marie Gordon, outras mulheres talentosas, apareceram no final da jornada. Em cada revisão, meu "filho" foi ficando mais refinado, e eu, mais confiante.

Muitas vezes, durante esses anos, fiquei insegura, pois não sabia como pagaria minhas contas, o aluguel, ou até mesmo como compraria o papel da minha impressora. John Rutter contratou meus serviços profissionais, e uma vez por mês me levava para almoçar, me consolando, me animando e reconhecendo meu esforço. Muitas vezes, quando me sentia cansada e cheia de dúvidas, este encontro no almoço era o ponto alto da minha semana. John Rutter foi sempre um amigo leal e respeitoso.

Num encontro de apenas duas horas, minha talentosa amiga Russell McGregor contribuiu, com uma clareza fora do comum, para o nascimento do processo dos três passos, integrador da coragem. Nos anos em que morei em West Los Angeles, Roberta Nayfack foi uma amiga leal e dedicada.

"Aunt Gert" Pepper, apesar de ter perdido a visão de um dos olhos, leu meus manuscritos. Com oitenta anos, ela me animou e me passou a sua inabalável atitude positiva.

Estou eternamente em dívida especialmente com essas amigas e também com tantas outras, como Judith Cahan, Judy Watson, Cindy Musil, Susan VanDorsten, Jalynn Venis, Eva Shaw, Jan DeSanti e Kris Wenzel, que estavam sempre dizendo: "Você chega lá, amiga."

Um agradecimento especial a Margaret Maupin, compradora da Tattered Cover Book Store, por ter me concedido um testemunho escrito com as primeiras palavras de encorajamento.

Meu laptop morreu quando eu estava quase acabando o livro, mas novamente mãos amigas apareceram. Russ deu-me um novo laptop e me ajudou a recuperar a confiança.

Bonna Dea (uma Boa Deusa italiana) Publishing prontificou-se a distribuir *Coragem* durante um ano. Com ela veio o apoio da maravilhosa Tattered Cover Book Store, onde o livro ficou na lista de best-sellers durante muitos meses e foi um dos vencedores do prêmio da Colorado Independent Publishers Association.

Um tijolo de ouro na longa estrada que segui foi a editora-executiva da Broadway Books, Lauren Marino, a quem tive a coragem de mandar, sem que me tivesse sido pedida, uma cópia revisada do meu livro. O resto é história. Lauren não poupou esforços para me ajudar e, desinteressadamente, recomendou-me à agente Mary Ann Naples. Em poucos dias, eu tinha a melhor editora da indústria de publicação e uma agente. Ambas entenderam que eu tinha usado minha própria coragem para expressar meus pontos de vista.

Acho que teria perdido a coragem não fossem o apoio e o amor dos membros da minha família. Minha mãe, Corine, minha irmã, Debee, meu irmão, Michael, e os espíritos do meu pai, Tommy, e do meu irmão, Steven. Minha tia Marilyn leu todas as edições cuidadosamente e achou-as ótimas. Todos que passaram pela minha vida durante esses anos, clientes e amigos, contribuíram com o sinal verde que me impeliu a seguir em frente.

Eu amo vocês, sejam abençoados!

Introdução

As lágrimas são a evidência da coragem perdida.

Sandra Ford Walston

A JORNADA DA DESCOBERTA FEITA PELAS MULHERES

Este livro é sobre mulheres e coragem – de como elas poderão viver suas vidas de uma forma mais plena no momento em que descobrirem e recuperarem a coragem que existe dentro delas. Especificamente, o livro ajuda as mulheres a desenvolverem a coragem como um recurso precioso para sua felicidade. Elas aprenderão não só a usar a coragem como a ensinar outras mulheres a fazerem o mesmo.

Relatando histórias verdadeiras de mulheres contemporâneas que precisaram buscar na coragem a força para transformar suas vidas, este livro é mais do que um instrumento de mudança. Ele propõe um projeto capaz de inspirar e ajudar as mulheres a compreenderem que, para crescer, é preciso adotar atitudes e ações corajosas.

As mulheres aqui citadas não são famosas; são mulheres como você e eu. Você verá que, no momento em que elas se conscientizaram da sua própria coragem, conseguiram seguir suas convicções, se arriscar, encarar o futuro e perseguir seus sonhos. Da mesma forma, você também, ao descobrir sua coragem, encontrará os meios necessários para criar a vida que deseja.

A coragem é uma virtude admirável. Ela é o coração e o espírito da vida. O objetivo deste livro é estimular cada mulher a identificar e acessar suas reservas de coragem, a recuperar o poder do coração e integrar ambos à sua energia feminina.

Minhas experiências são iguais às de todas as mulheres que tiveram que se deparar com os percalços e mágoas da vida.

Entretanto, sinto que fui guiada por um aliado invisível que pode ter faltado a muitas pessoas. Desde pequena, reconheci e alimentei a energia da coragem. Ao enfrentar as crises da minha vida, descobri que sempre contei com ela para me ajudar no constante reinventar do meu próprio ser. Contei com a coragem para superar a doença, para revelar minha vulnerabilidade, para enfrentar obstáculos e confrontar abusos.

Eu tinha cinco anos quando, pela primeira vez, me dei conta da minha própria coragem. Tive uma perigosa e rara forma de catapora. Meus pais me levaram às pressas para o hospital, onde fiquei inconsciente durante uma semana. Estava tão mal que os médicos chegaram a temer pela minha vida. A experiência deixou-me não só cicatrizes físicas, mas a profunda consciência de que, se conseguira superar uma doença grave, poderia superar qualquer coisa. Agora, sei que essa tomada de consciência foi o primeiro passo que me levou a conhecer as reservas de coragem que possuía e que sempre me fortaleceram e sustentaram durante várias fases da vida.

Outro evento extremamente marcante ocorreu quando eu tinha vinte anos. Católica, fui ensinada que era preciso se abster de qualquer atividade sexual antes do casamento. Apesar disso, fiquei grávida sem me casar. A gravidez foi uma prova solitária e terrível. Durante os primeiros três meses, todos os dias tinha enjôos que às vezes iam até a noite. Com ânsias de vômito, me via obrigada a vomitar na rua, a caminho da escola. Fiel à minha fé, sentia-me compelida a procurar a confissão e a absolvição de um ato que considerava pecaminoso. Via em filmes mulheres que morriam no parto, e isto impressionava muito minha mente jovem e imatura. Tinha medo de morrer antes de ser absolvida do meu pecado. Desesperada, agitada e confusa, não sabia para onde me virar. Até que, depois de muito pensar, senti-me capaz de encarar minha desgraça e procurar um padre.

Diante do confessionário, com lágrimas de vergonha, contei ao padre o meu dilema. Extraordinariamente, ele me disse: "Deus já a perdoou, mas você deve também se perdoar." Nesse momento fui invadida por um enorme alívio e conforto. Entendi que eu tinha o poder da escolha. Não queria me casar com alguém que não amava, não queria fazer um aborto, mas não tinha recursos para sustentar uma criança. Depois de uma grande luta interior, resolvi dar meu filho para adoção. Nada pode ser comparado à sensação de chegar em casa do hospital com os braços vazios.

O encontro com o padre foi para mim uma enorme bênção. A partir daquela experiência, "minha corajosa vontade" tornou-se real para mim, e a consciência do poder dessa coragem forneceu-me um alimento que tenho usado durante toda a minha vida.

Anos mais tarde, já adulta, viajei com o homem com quem ia me casar da Califórnia ao Colorado, onde ele estabeleceria uma nova empresa. A transição que significa fazer uma grande mudança é difícil para qualquer pessoa. Para mim, ainda foi mais complicado, pois rompemos nossa relação logo depois da mudança.

Triste, desiludida e desencorajada, precisei enfrentar o desconhecido. Eu me sentia profundamente assustada com a instabilidade da minha vida. Lá estava eu, numa cidade onde não tinha amigos, nem família, nem trabalho. Sentia medo de não conseguir sobreviver ou perseverar diante de tais circunstâncias. Sentia-me vulnerável, frágil e abandonada. Muitas vezes, quando ia visitar minha família na Califórnia, rezava para que o avião caísse. Se eu morresse, meu espírito desiludido deixaria de sofrer. Eu não precisaria me reinventar.

Entretanto, nos momentos de oração e meditação, continuava ouvindo uma voz interior que me oferecia esperança: "Se você conseguir ultrapassar esta provação, terá outra percepção da vida e bênçãos especiais lhe serão reveladas."

Essa crise fez renascer em mim a consciência da coragem e da força de que eu precisava para sobreviver. Com a coragem, essa experiência, que poderia ter sido devastadora, modificou-se, tornando-se fonte de novas percepções, de lucidez e de boas decisões. Esse momento decisivo convenceu-me de que Deus tinha me posto neste planeta para que eu estimulasse e desenvolvesse meu espírito de coragem, e deste modo ajudasse outras mulheres a fazerem o mesmo.

É o que eu desejo alcançar com este livro. Foi para cada uma de vocês que o está lendo agora que eu o escrevi.

A PAIXÃO QUE VEM DO CORAÇÃO

À medida que amadurecia, cada vez eu me interessava mais em me conhecer melhor. Observando a forma como lidei com as transições normais da minha vida, percebi que minha aliada – a coragem – foi sempre um elemento fundamental. No decorrer de oito anos fiz drásticas mudanças na minha carreira. Cada trabalho que arranjava era inteiramente diferente do anterior, mas, mesmo quando passava do campo da educação para o ramo imobiliário, ou do bancário para a consultoria empresarial, era capaz de transferir minhas habilidades de um setor para o outro com relativa facilidade.

Quando me perguntavam como conseguia atravessar as épocas de transição na minha carreira, eu dizia que a capacidade de prever e executar cada função me vinha facilmente quando eu me apoiava no desejo e na coragem do meu coração. Em cada situação, eu era motivada pelo interesse que tinha em desenvolver um trabalho do meu próprio modo. A criatividade, traço essencial do meu caráter, aliava-se à minha coragem para "inventar" tanto a vida profissional como a pessoal.

Ajudar os outros é o objetivo da minha vida, sendo amiga, consultora, conferencista, treinadora ou escritora. A fascinação pela riqueza da vida e um profundo compromisso em preservar os melhores valores humanos têm sido o fio condutor das minhas experiências. Vivi todos os aspectos da minha vida com muita paixão. Aceitei o desafio de superar as situações estabelecidas, busquei a excelência nos esportes, nas viagens, nos relacionamentos, escrevendo e falando.

Durante muito tempo, não percebi que essa forma de viver não era comum. Viver com prazer parecia-me natural, uma qualidade inata. Mas agora sei que não é assim. Viver com alegria é uma habilidade a ser cultivada. Com a força da coragem, fui capaz de buscar objetivos significativos para minha vida. E, assim fazendo, senti-me capaz de unir meu coração e meu espírito.

Nunca tive a ambição de escrever. Como sou uma conferencista e prefiro expressar-me oralmente, escrever este livro foi um dos meus dois maiores atos de coragem. O outro foi dar meu filho para adoção. Graças ao maravilhoso e cuidadoso padre que me ajudou na gravidez, pude juntar a coragem de que precisava para seguir em frente. Eu já sabia, mesmo naquele tempo, que nada poderia ser tão difícil quanto aquela devastadora experiência.

Usei minha coragem para me reinventar aos cinco anos, mais tarde na juventude e finalmente como mulher feita. À medida que alimentava a coragem, descobri, durante períodos particularmente difíceis, que ela é também uma companheira inestimável diante dos desafios mais comuns da vida.

Várias vezes, enquanto escrevia este livro, eu me vi chorando. Chorava pela primeira metade da minha vida e compreendi que as lágrimas eram a evidência da coragem perdida – dos tempos em que não usei minhas reservas de coragem.

Com um coração vulnerável e cheio de coragem, dedico este livro ao meu filho, sempre amado, jamais esquecido; sua memória me dá coragem para fazer o que fui chamada a realizar.

Escrevi este livro para ajudar as mulheres a compreenderem o que é realmente a coragem. A sociedade raramente reconhece a coragem das mulheres, e este reconhecimento é vital para que possamos nos conhecer. **Descobrindo a coragem, despertamos uma antiga energia feminina que deve ser utilizada por todas nós.** Ler este livro e trabalhar com o processo dos três passos, que está no capítulo seis, pode ser um enorme salto para o processo de integração da coragem em sua vida.

A coragem desafia as mulheres a expandirem sua autopercepção e a adotarem a coragem como um aspecto integrante do seu ser. Quando a mulher se dá conta das respostas condicionadas que vem dando às situações de sua vida – quando deixa de repetir os comportamentos do passado e pede a ajuda e o apoio da coragem –, ela começa a tomar posse de suas reservas de energia. Só então a coragem atuará como instrumento para transformar obstáculos em oportunidades.

Neste livro, você encontrará histórias de mulheres verdadeiras que se dispuseram a compartilhar suas experiências pessoais. Experiências em que agiram corajosamente. As mulheres entrevistadas pertencem aos mais diversos meios sociais. Não existe correlação entre coragem e idade, raça e educação. (Ver pesquisa e resultado dos questionários na pág. 61.)

Anos de entrevistas produziram os dados (ver pág. 81) que descrevem os doze tipos de comportamentos corajosos. Técnicas e ações específicas podem ser usadas para integrar a coragem e ajudar a desfrutar os benefícios que ela produz.

Fundindo a coragem à sua energia inata, as mulheres podem aumentar a capacidade de agir com o coração. Ao se ver diante de uma escolha, você poderá, conscientemente, contar com a força da coragem como seu guia. E, compreendendo como outras mulheres usaram essa virtude esquecida, você poderá concentrar suas energias para ir ao encontro de experiências desafiadoras que a levarão a expandir sua percepção e enriquecer sua vida.

Todas as mulheres

Todas as mulheres já passaram por experiências fragilizadoras que ameaçaram desestabilizá-las. Nesses momentos, elas tiveram duas alternativas: sucumbir e deixar-se destruir, ou enfrentar, buscando dentro de si mesmas reservas insuspeitadas de força. Muitas mulheres nem mesmo foram em busca dessa energia. Rose é uma delas: "Um dia, no auge do desespero com a doença de meu marido, ao levantar-me de manhã da cama, senti como se uma voz espocasse em minha cabeça, dizendo 'Chega!'. E fui à luta, nem sei bem como, impulsionada por uma força interna que eu desconhecia." Mais tarde, com o marido já curado, Rose observou: "É fantástico como o sofrimento muda de qualidade quando o transformamos em luta."

As crises emocionais, físicas e psicológicas são culturalmente comuns às mulheres: medos, perdas, doenças, abusos, traições e baixa auto-estima. Entretanto, a coragem para superar tais obstáculos e a capacidade de reinventar-se estão à disposição de todas as mulheres.

A coragem é um poderoso meio para descobrir essa força interior ou recuperar a que foi perdida. Use o que estou lhe oferecendo neste livro para alimentar seu coração e sua alma. Ele foi escrito para todas as mulheres. E todas as mulheres são você.

Coragem

ensina as mulheres a buscarem
dentro de si mesmas as reservas de
coragem para viverem suas vidas
mais plenamente.

Coragem

Ousadia

Renovação

Amor

Gratidão

Energia

Moderação

PRIMEIRA PARTE

Reflexão

A JORNADA DA CORAGEM

"Quero ir para casa", gritava Dorothy, segurando Totó. "Você jamais voltará para casa, minha querida", gargalhava a Bruxa Malvada. "Você terá que pagar pelo que fez."

"Mas eu não tinha intenção", dizia Dorothy, vendo a figura escura sair voando na sua vassoura, deixando-a sozinha. "O que vamos fazer, Totó? Nunca chegaremos a Kansas. Nunca. Nunca. Nunca."

ASSIM COMEÇA A CLÁSSICA HISTÓRIA DA CORAGEM

O Mágico de Oz, um dos mais conhecidos livros do século vinte, transformou-se mais tarde num filme. Esta clássica história da jornada de uma menina corajosa continua a se aplicar, metaforicamente, às mulheres de hoje. A jornada de Dorothy simboliza a busca básica que existe dentro de cada uma de nós para encontrar a coragem que nos ajudará ao longo da vida.

Quando nos empenhamos em encontrar o nosso lugar "além do arco-íris", nos deparamos pelo caminho com muitos obstáculos, mas também com muitos ajudantes. Em Oz, Dorothy e seu cachorro, Totó, encontraram Glinda, a Bruxa Boa, o Homem de Lata e o Leão Covarde. Eles se uniram para ganhar mais força e apoio.

Na jornada do livro de histórias, cada um escolhe que direção tomar e como lidar com as armadilhas que vão encontrando ao longo da Estrada de Tijolos Amarelos. A cada momento, eles se perguntam: "E agora, em que direção iremos?" Dorothy, resoluta, busca a verdade que vai descobrindo, com a colaboração de todos. Desta forma, aprende que o que precisava para encontrar o caminho de casa era sua própria coragem.

Na vida real, cada uma de nós precisa encontrar as respostas às nossas próprias questões. Como a Bruxa Boa lembrava a Dorothy: "*Você sempre terá o poder, minha querida. Você sempre terá o poder.*"

CAPÍTULO UM

Superando o mito

O homem desfruta a grande vantagem de ter um deus que endossa o código que ele escreve; e já que o homem exerce uma autoridade soberana sobre as mulheres, é uma sorte que esta autoridade lhe tenha sido conferida pelo Ser supremo... o medo que Deus inspira irá, desta forma, reprimir nas mulheres oprimidas qualquer impulso de revolta.

Simone de Beauvoir
O Segundo Sexo, 1949

A DEUSA CORAJOSA

As histórias sobre as mulheres influenciam a maneira como nos vemos e representam limites ou estímulo para realizarmos grandes façanhas. As primeiras histórias foram passadas através da tradição oral. Histórias sobre homens e mulheres eram contadas à noite, em volta do fogo, ou eram comunicadas aos jovens durante os ritos de iniciação. Quando a história (feita pelos homens) começou a ser registrada por escrito, eram eles que escreviam os eventos importantes da comunidade. Isto porque não ensinavam as mulheres a ler e a escrever. Assim, esses escribas preservaram a história a partir do seu ponto de vista e determinaram os fatos que deveriam ser relembrados. Todos os escritores – tanto os antigos como os modernos – descreveram os fatos históricos de uma forma que influiu no destino de gerações de mulheres. Ao compreendermos este fato, poderemos começar a reescrever nossas próprias histórias, dando relevo às mulheres corajosas, tanto nos tempos normais como nos extraordinários.

Quando a história era contada em volta do fogo familiar, as pessoas veneravam a suprema fêmea criadora. Começando no período neolítico, por volta do ano 7000 a.C., as mulheres eram veneradas e reverenciadas como sábias, valentes, poderosas, justas e imortais. Elas eram chamadas por muitos nomes, entre eles a Grande Deusa, Divina Ancestral, Deusa-Mãe, Criadora da Vida, Senhora do Céu, Nossa Senhora e Alta Sacerdotisa. A capacidade feminina de gerar uma criança fazia com que ela fosse objeto de adoração para os homens. As mulheres eram as mágicas doadoras da vida, as que amamentavam e nutriam as crianças.

A partir do momento em que as comunidades agrícolas começaram a se desenvolver (as mulheres eram as que colhiam os alimentos, sempre vistas como as responsáveis pelo desenvolvimento da agricultura), o papel na concepção passou a ser reconhecido como biológico. A consciência de que o nascimento de uma criança não era um fato mágico fez diminuir a reverência pelas mulheres.

Enquanto os homens se desenvolviam, as mulheres foram sendo postas na sombra. Os homens, favorecidos por sua força superior e pela incompreensão da biologia, entenderam que eram eles – os pais – os únicos responsáveis pela concepção de uma criança. A mãe passou a ser um mero receptáculo que acolhia a semente masculina e carregava a criança até o nascimento.

A noção simplista de que o homem era o único responsável pela concepção deu forma à crença que justificou o patriarcado. As mulheres eram consideradas propriedade dos maridos. Ao longo do tempo, a idéia de que os homens eram destinados a dirigir foi aceita como a maneira conforme tudo sempre tinha se passado.

Foi a partir dos avanços científicos do século dezenove, quando os biólogos demonstraram que o homem e a mulher partilhavam igualmente a responsabilidade pela concepção de uma criança, que o conceito de paridade entre homens e mulheres passou a ser seriamente considerado. As mulheres começaram, aos poucos, a se movimentar em direção à igualdade.

Mas as mulheres sempre ocuparam lugares importantes na história antiga. Antigas lendas descrevem as deusas como poderosas, corajosas, líderes nas batalhas e conselheiras sábias e inteligentes. Na Grécia clássica, os gregos adoravam a bela Atena, guerreira corajosa, e a caçadora Ártemis, que vivia sozinha, em estado de pureza. Os gregos também acreditavam na existência das amazonas, um bando de mulheres selvagens que sabia lutar valentemente nos campos de batalha. Como as deusas eram honradas por suas qualidades de guerreiras e conselheiras, as mulheres daqueles tempos ansiavam ser como elas.

Merlin Stone afirma em seu livro *When God Was a Woman* (Quando Deus era uma mulher) que a divindade feminina era "reverenciada como guerreira e caçadora, sabendo combater como um soldado corajoso e perfeitamente capaz de enfrentar qualquer confronto físico". Tudo isso era, algumas vezes, descrito como "curiosos atributos masculinos", o que significava que a força e o valor da mulher faziam dela uma espécie de anomalia ou "aberração fisiológica", quando comparada aos guerreiros masculinos. Alguns mitos afirmam que as amazonas praticavam uma dessas "anomalias" – elas cortavam um seio para serem melhores arqueiras.

A mulher reverenciada

Como era a vida numa sociedade que reverenciava a brava e sábia deidade feminina? As mulheres eram imitadas e assumiam posições de respeito e status. Intuitivas e em contato tanto com o intelecto quanto com as emoções, elas eram as conselheiras nos santuários. Possuíam negócios, e a lei lhes permitia ter posses imobiliárias que eram passadas às suas filhas. Algumas leis davam às mulheres o direito de terem dois maridos, e outras permitiam que o homem fosse executado quando estuprasse uma mulher.

Entretanto, quando as comunidades se tornaram monoteístas, o matriarcado começou a declinar. Os direitos das mulheres e seus santuários deixaram de ser sagrados. A Grande Deusa passou a ser a consorte subserviente dos deuses masculinos e dos invasores que usurparam seu poder. O patriarcado, com a reverência à suprema deidade masculina, gradualmente sobrepujou e destruiu as religiões das antigas deusas, assim como o status das mulheres. Em conseqüência, mudaram as leis e diminuiu o direito que as mulheres tinham de participar das atividades econômicas. Novas leis estipularam o que elas podiam herdar e o que poderia ser passado a seus filhos. Essas leis regulamentavam, de forma estrita, o aborto, o estupro, a virgindade e a infidelidade.

Dessa forma, as mulheres foram completamente desvalorizadas.

Ao longo dos séculos, passou a ser norma que as propriedades seriam passadas seguindo a linha sucessória paterna. Um sistema patriarcal na religião e na lei levou à misoginia, ao ódio às mulheres e a tudo que elas representavam.

Para onde foram todas as deusas?

O que teria causado o desaparecimento das deusas do antigo mundo ocidental? Numa palavra: o patriarcado. Mas a perda do conceito de deusa simbolizou perdas maiores.

No livro *The Alphabet versus the Goddess: The Conflict Between Word and Image* (O alfabeto versus a deusa: o conflito entre a palavra e a imagem), Leonard Shalain, M.D., afirma: "Fiquei chocado com a idéia de que a destituição das deusas, a baixa de status das mulheres e o advento de um patriarcado feroz e misógino ocorreram, mais ou menos, no tempo em que as pessoas começaram a aprender a ler e a escrever."

Enquanto a morte das deusas diminuiu o status de todas as mulheres mortais, "ainda mais crítica foi a destruição dos símbolos políticos e familiares e das origens religiosas do poder, tradicionalmente associados às mulheres".

Em seu livro *The Serpent and the Goddess* (A serpente e a deusa), escreveu Mary Condren: "Esta seria a precondição para as origens da nova sociedade. Uma sociedade onde as mulheres assumiriam apenas dar à luz; onde elas estariam totalmente controladas, e onde reis, guerreiros e padres desenvolveriam as formas de poder da elite, efetivamente abolindo e destruindo o poder estrutural do sistema de clãs." O último templo que celebrou a deusa foi destruído por volta de 500 d.C.

Vamos culpar Eva

Desde que as mulheres deixaram de ser reverenciadas como divinas, a maioria das religiões passou a ensinar que Deus é masculino. No mundo ocidental, tanto na Torá como na Bíblia, poucas histórias falam sobre as mulheres de uma forma favorável. A Bíblia começa com a história de Adão traído pela tentadora Eva. Este mito perpetuado através dos tempos culpa a mulher pela "queda do homem", oferecendo uma explicação conveniente para os males da humanidade. Ainda hoje as mulheres são colocadas num papel subserviente, através de um sutil sistema de crenças que afirma que o pecado feminino tirou o homem do bom caminho. Esta posição é justificada pela Bíblia, que cita a óbvia punição dada às mulheres – a dor do parto. O versículo 3:16 do Gênesis diz: "Terás teus filhos na dor; teu desejo será o do teu marido e ele exercerá autoridade sobre ti."

Esse mito, lembra-nos Merlin Stone, foi disseminado para

justificar a divina superioridade masculina. Stone nos dá exemplos da sua própria infância para mostrar como pais e autoridades religiosas usavam erradamente as Escrituras: "Em vez de ser tratada com compaixão, simpatia, admiração e respeito pela minha coragem", escreve Stone, "eu sentia a dor e a culpa do pecado do mau comportamento caindo sobre mim como uma punição, pelo simples fato de ser mulher – uma filha de Eva."

O direito divino do homem de dominar sua esposa sobreviveu durante séculos. De acordo com Stone, "uma vez que a segurança econômica das mulheres foi solapada pelo poder da dominação masculina na sociedade, as mulheres foram forçadas a aceitar um provedor masculino estável, ditador das regras".

Muitos mitos continuam a deter enorme poder, porque se apóiam nessas antigas restrições. Riane Eisler escreve no seu livro *O Prazer Sagrado*: "Certamente ficamos estarrecidas quando vemos que a mais famosa história da origem da humanidade, o Gênesis, a história de Adão e Eva, não fala absolutamente nada de bom sobre sexo, amor e prazer, que são para a humanidade uma bênção e não uma maldição. Nada é dito sobre o impacto e a maravilha que nós, seres humanos, experimentamos ao contemplar e tocar alguém que amamos."

As heroínas de hoje usam sutiã de couro

Os mitos representam idéias que podem nos influenciar facilmente. Em 1998, Xena, a Princesa Guerreira, famosa heroína de um seriado de televisão, era considerada o máximo e agradava milhões de pessoas que aplaudiam o seu jeito de mulher tipo "não se meta comigo", bela e cerebral, sempre vestida com roupas de couro. Ela é boa e forte, embora mantenha escondido um passado em que cometeu erros impossíveis de serem apagados. Lucy Lawless, a atriz neozelandesa que fazia o papel de Xena, dizia que a princesa guerreira e corajosa era retratada como "uma mulher que trazia o demônio nas costas, sempre em luta com o lado escuro da sua própria natureza". Com a sua companheira inseparável, Gabriela, representando o lado terno da guerreira, elas foram modelos para as jovens adolescentes de hoje.

Ironicamente, esse conceito de mulher forte limita a visão de coragem das mulheres no século vinte e um. Em vez de ver a coragem e a força como partes da natureza amável de qualquer mulher, as imagens apresentadas descreviam a coragem como atípica e rara, quase como uma bravata masculina. Mesmo sendo Xena o exemplo de que, apesar do passado, as mulheres podem encontrar a coragem e lutar pelos seus sonhos, sua atitude agressiva não ensinava as jovens a construir a força de caráter necessária para buscar seus recursos interiores no enfrentamento dos desafios cotidianos de uma forma mais compatível com sua natureza feminina. **Na verdade, só saberemos que alcançamos a igualdade quando as mulheres forem reconhecidas e louvadas pela sua verdadeira natureza corajosa.** Uma coragem que se traduz de forma própria, diferente dos modelos heróicos e violentos com que fomos alimentadas. Só então seremos uma sociedade capaz de costurar o esgarçado tecido da vida moderna.

Muda a cultura do momento

As mulheres que exibem as características tradicionais da coragem, isto é, as características masculinas, são vistas como agressivas, despóticas e pouco femininas – traços altamente condenados. Ainda hoje, certas culturas e crenças religiosas proíbem as mulheres de mostrar esse tipo de coragem. Em algumas sociedades, as mulheres estão sempre se preocupando em não serem causa de discórdia na sua família, grupo religioso ou profissional. As proibições em relação ao que deve ou não deve ser falado são tão fortes, que muitas ainda se sentem desconfortáveis quando precisam se insurgir contra as injustiças.

Como os homens são considerados mais capazes de coragem, e as mulheres, de docilidade, muitas ainda relutam em expor seu potencial de coragem. Atos corajosos como o de Joana d'Arc, que pela sua crença e zelo foi queimada na fogueira, parecem um feito extraordinário. **Todas as culturas, sutilmente, ensinam as mulheres a fazer escolhas que coincidam com as normas vigentes. Mesmo as culturas contemporâneas exploram o silêncio e a passividade como virtudes femininas louváveis.**

Indo mais fundo, a história de Joana d'Arc nos passa a mensagem de que as mulheres fortes podem ser queimadas.

Desafiar os mitos cultivados no passado é o primeiro passo para modificar as normas culturais. Questionar corajosamente estes mitos é quebrar o silêncio que fez com que as mulheres negassem suas melhores qualidades. Em toda parte muitas estão se insurgindo quando entendem que aquilo que as fizeram acreditar são apenas mitos destinados a mantê-las subjugadas. Chegará o tempo em que a sociedade reconhecerá os atos de coragem das mulheres. Elas farão desaparecer as regras não-escritas que impedem o reconhecimento da sua coragem pessoal. Porém, mudanças nos mitos e na realidade caminham com mudanças de comportamento em nossas vidas. Por isso é tão importante refazer a nossa história e as imagens que ajudam a confundir nossas mentes. Só assim conquistaremos o poder criativo feminino.

As batalhas de hoje não precisam de um escudo de metal igual ao de Xena, a Princesa Guerreira. Como Dorothy, em *O Mágico de Oz*, sempre tivemos nossa própria coragem. Alimentar interiormente essa força pessoal é o escudo invisível que defenderá o coração e o espírito de todas as mulheres.

CAPÍTULO DOIS

A verdade esquecida

A vida se retrai ou se expande
proporcionalmente à nossa coragem.

Anaïs Nin

A coragem presa a uma definição menor

Nos tempos de hoje, a palavra *coragem* significa bravura. Esta definição tem a ver com apenas uma das facetas da coragem: enfrentar e lidar com o perigo. **Mas, nos primeiros tempos, coragem significava a força mental e moral necessária para correr riscos, perseverar, ter a capacidade de enfrentar o perigo, o medo e as dificuldades.** Se esta última definição de coragem prevalecesse, as mulheres seriam vistas hoje de modo diferente. É esta a definição que precisamos reivindicar.

Um traço associado aos homens

A definição de coragem que ainda prevalece em todas as sociedades leva-nos a acreditar que a coragem é um traço masculino. As revistas sensacionalistas, as histórias em quadrinhos, os filmes de aventura, os seriados de televisão contribuem para a visão dominadora do homem. Os filmes violentos mostram na tela a coragem dos "verdadeiros" homens – espiões, policiais, detetives, matadores profissionais, soldados.

Estes super-homens têm um tipo de coragem que enfrenta a adversidade com força e arrogância, músculos trabalhados, autoritarismo e habilidades físicas. Papéis como o de James Bond, o agente 007, retratado nos filmes como um homem de caráter, sólido como uma rocha e, ainda por cima, grande amante dotado de constante apetite sexual, mostram que esses modelos de coragem se arriscam constantemente, estão sempre em situações-limite e reagem prontamente, vencendo os bandidos. Ao ver os filmes dos super-heróis que empunham armas sofisticadas e são dotados de músculos de aço, os meninos, logicamente, aspiram a ser como eles quando crescerem.

Todas essas imagens intensificam o mito que diz que os homens precisam provar sua identidade nas arenas atuais, que são as guerras, o trabalho e as mulheres. Os ícones populares masculinos acentuam a crença de que eles são seres independentes, enquanto as mulheres, ao contrário, são sempre dependentes. Os homens dominam e as mulheres obedecem; os homens fazem a história e as mulheres são a audiência necessária, simples suportes emocionais.

Inversamente, as mulheres são descritas nos filmes, na televisão, nas revistas e nos comerciais como elegantes, bonitas, vulneráveis, ternas, esbeltas, mas dotadas de enormes seios, e, acima de tudo, supersensuais.

Através dos tempos, os meios de comunicação intensificaram essas falsas diferenças entre homens e mulheres. Os retratos das mulheres vitorianas mostravam figuras femininas no que era considerado seu ideal de beleza e feminilidade. Elas eram esposas, filhas, irmãs de alguém, sempre vistas como objetos de enfeite. Já os homens eram retratados pelo seu talento e caráter, o que incluía força, vigor, inflexibilidade e virilidade. Eram qualificados pela sua importância e realização, enquanto as mulheres valiam por serem atraentes. Se a beleza exterior não fosse tão absolutamente valorizada, as mulheres teriam que se destacar por outras características, como a coragem, a determinação, a franqueza no falar, convicções inabaláveis e incisivas. As mulheres deixariam de ser imortalizadas apenas pela beleza, e o caráter passaria a ter um papel importante. Mas será que isso interessa aos homens que desejam manter a diferença para afirmar melhor sua identidade?

Merlin Stone comenta: "Os homens conquistaram a imagem dos seres humanos capazes de realizar as melhores e mais importantes façanhas, enquanto as mulheres foram relegadas ao papel de coadjuvantes, reforçando o mito de que esta era a forma natural das relações homem/mulher. A nova realidade econômica que obriga as mulheres a trabalharem fora de casa – ainda que a maioria dos trabalhos seja direcionada para os homens – contribuiu eficazmente para a mudança dos estereótipos."

Coragem estereotipada

A coragem é muito mais complexa do que uma pura reação espontânea a eventos traumáticos. Certamente, quando uma pessoa mergulha num lago para salvar outra que está se afogando, ou se coloca como escudo na linha de tiro, arriscando a própria vida, a coragem está presente. Entretanto, enquanto a imagem que temos da coragem limitar-se apenas a tais estereótipos, a idéia que a sociedade tem da coragem custará a mudar. E todas nós continuaremos inibidas, sem reconhecer o potencial de coragem que nos torna aptas a transcender as dificuldades constantes da vida cotidiana.

Quase sempre pequenas ações requerem grande coragem. Quando Sheryl, 37 anos, contou ao seu chefe que seria entrevistada para um livro que falava de mulheres corajosas, ele perguntou quantas pessoas ela tinha salvo de assaltos e roubos.

Em seguida, disse que ele próprio já tinha impedido que três pessoas fossem assaltadas. Para Sheryl, dar uma entrevista era um ato de coragem. Ela sentia-se vulnerável e insegura. Sua batalha mais recente fora para perder peso. Ela já havia conseguido emagrecer antes, mas logo em seguida recuperava o peso que perdera. Foi através da coragem que ela obteve a vitória. "Percebi que controlar meu peso permitia-me controlar toda a minha vida. Minha coragem deu-me forças para perseverar", afirmou Sheryl.

Muitas vezes, o simples fato de ser mulher exige coragem. Debra, possuidora de um mestrado, mãe solteira de trinta e três anos, disse: "As mulheres fazem escolhas éticas baseadas em suas crenças e na forma como entendem a vida. No mundo do trabalho elas esperam atingir um determinado nível. Se acham que não vão conseguir, não se vêem como mulheres corajosas. Imagino hoje como teria feito diferença nas minhas tomadas de decisão se eu me considerasse naquele tempo uma mulher corajosa."

Se você aprender a usar a coragem e a crença em si mesma na hora de enfrentar as inevitáveis batalhas que se apresentam no caminho, estará reforçando a confiança em seus recursos interiores. **Pequenos atos de coragem vão se acumulando e criando sua própria reserva de coragem.**

Usando uma definição mais ampla

"Por que a coragem feminina é definida de uma forma diferente da dos homens?", perguntou Myrna, casada, trinta e dois anos, mãe de uma filha. "Não acho certo que as pessoas façam da coragem uma palavra ligada a um determinado sexo. Quando discutimos sobre a coragem, muitas pessoas precisam primeiro esclarecer se você está falando de homens ou de mulheres, antes de dizer se são ou não corajosas. Acho que todos temos dentro de nós a coragem. Minha coragem está sempre à mão, quando preciso contar com ela. Acredito que a sociedade faz com que as mulheres não queiram ser corajosas, porque, quando se fala de coragem, pensa-se sempre nos homens."

Linda, quarenta e seis anos, mulher firme e articulada, deu o seu ponto de vista sobre a coragem: "A coragem das mulheres vem de uma força interior capaz de guiá-las e que as torna aptas a enfrentar, a cada dia, as batalhas da vida. As pequenas coisas que nos desafiam, em oposição aos grandes atos heróicos, precisam de coragem. Na minha opinião, os homens pensam na coragem como algo grandioso, usado nos esportes e nas guerras. Com a maturidade, minha visão espiritual se expandiu e me fez ver que a mulher tem a força de dez mil homens. Já houve muitos momentos na minha vida em que desejei que o homem com quem estava fosse capaz de enfrentar com coragem os desafios da vida diária!"

Jody, quarenta e sete anos, casada, com três filhos, trabalha num departamento de serviço social. Ela diz que uma das mais importantes revelações que teve foi descobrir que a coragem está na base de todas as coisas. "Preciso ter coragem para ser honesta com os meus sentimentos. É preciso ter coragem para ser justa com os empregados que eu dirijo", disse ela.

"Às vezes é preciso coragem para ir à luta. Nesses momentos, resolvo usar minha intuição para tomar decisões. Nem sempre gosto do que vejo, mas pelo menos descubro a verdade."

Pensando de forma mais ampla

Adotar uma definição mais ampla de coragem faz sentido para a sociedade em geral e para as mulheres em particular. A força mental e moral necessária para arriscar, perseverar, vencer o medo e enfrentar dificuldades pode transformar qualquer vida.

O comentário de Roberta reflete esta visão mais ampla: "Todas as mulheres são corajosas, mesmo quando pensam que não são. Criar os filhos, administrar sua própria vida e prover seus recursos são todos atos de coragem."

A filósofa Alasdair MacIntyre, em *Depois da Virtude*, define a coragem como uma virtude ligada ao interesse por outros indivíduos, comunidades e causas. **Quando as mulheres descobrem o que é realmente a coragem, elas aprendem a reconhecê-la e a fortalecê-la em si mesmas.** Quando, conscientemente, tomam posse da sua coragem, enfrentam as circunstâncias que a vida lhes apresenta e passam a se expressar de forma nova e estimulante. Insurgem-se quando se sentem dominadas, são irredutíveis nas escolhas ditadas por seus desejos e encaram sua vulnerabilidade sem medo, com força e perseverança.

Por que a coragem é uma virtude esquecida?

Perguntei à minha amiga Marta se tinha sido necessário ter coragem para separar-se do marido quando a filha mais velha tinha cinco anos e a caçula, dois. Ela respondeu sem muito pensar: "Não, não foi um ato de coragem. Eu tinha atingido meu limite na convivência com ele e não agüentava mais. Para dizer a verdade, foi até um alívio." Insisti: "Mas você não tinha medo de ficar sozinha?" Marta sorriu: "Ah, isso eu tinha, porque nunca tinha pago uma conta na vida, já que ele se ocupava de tudo." Hoje Marta é uma bem-sucedida empresária, que enfrenta corajosamente riscos em seu negócio. No entanto, ela ainda não dá à qualidade do movimento que a libertou da dominação em que vivia com o marido e a toda aprendizagem necessária para administrar a própria vida o nome de coragem.

É isto o que acontece com a maioria das mulheres: elas possuem muita coragem, mas, como quase nunca dão este nome à sua energia, desconhecem esta força que as impulsiona no cotidiano. O que faz com que as mulheres não vejam sua própria coragem? Parece que o poder e a beleza da coragem feminina há muito foram esquecidos.

A coragem é uma virtude esquecida porque as mulheres não percebem que suas ações cotidianas são importantes. Se elas se dessem conta do quanto suas ações do dia-a-dia são corajosas, seriam capazes de usar essa mesma coragem para transformar sua vida e alcançar o desejo do seu coração. No momento em que as mulheres forem capazes de identificar a coragem na vida das outras, descobrirão essa virtude em si mesmas.

Modelos estabelecidos de coragem

Felizmente, filmes como *O Mágico de Oz* são modelos tanto para meninas como para meninos. Carol, quarenta e nove anos, casada, ex-professora de inglês e agora muito bem-sucedida no seu próprio negócio, era ainda uma menina quando assistiu ao filme e imediatamente identificou-se com o Leão Covarde. Parecia-lhe estranho que um leão precisasse procurar a coragem, pois ela achava que o leão, por natureza, era corajoso. "Durante toda a minha vida eu me identifiquei com o Leão Covarde. Meu comportamento sempre deu a impressão de que eu era corajosa. Mas, dentro de mim, eu me sentia intimidada e assustada com o mundo à minha volta. Ver o filme foi um apoio para mim. Vibrei quando o Leão finalmente encontrou a coragem que lhe faltava. Lembro que na época eu pensei que também poderia fazer a mesma coisa."

Em 1998, quando Carol reviu o filme, voltou a sentir sua afinidade com o Leão. Ele tremia se lamentando: "Eu não tenho coragem, tenho medo até de mim mesmo! Se ao menos tivesse força!" Mas o Leão foi obrigado a encarar seus medos quando precisou atravessar a floresta negra, e, à medida que ele e seus companheiros se aproximavam da cidade das Esmeraldas, ia ganhando confiança de que encontraria uma resposta e recuperaria sua coragem. Por fim, o Leão Covarde foi recompensado com a medalha da coragem, e exclamou: "Leiam o que diz a minha medalha: 'Coragem nada mais é do que a verdade'."

Carol teve sorte em perceber sua afinidade com o Leão Covarde. Ela sentia-se uma vítima, obrigada a abdicar da sua coragem por causa do sentimento de medo. Mas, continua ela: "Quando o Leão soube que tinha que salvar Dorothy da Bruxa Malvada, e percebeu que precisava continuar sua tarefa heróica, ele foi buscar na fonte da sua sabedoria interior a certeza de que era 'o Rei'. Isto revelou para ele sua capacidade de ser corajoso diante do sofrimento do outro."

Agora, Carol usa a coragem diariamente para ajudá-la em suas decisões. Para ela, a coragem é uma crença, é sua fé. Quando descobriu que podia desenvolver sua coragem, sentiu uma imensa alegria. Como o Leão, Carol reconheceu seus medos e pediu ajuda.

"Quando faço o que é necessário para enfrentar obstáculos, acreditando que tudo dará certo, como deu para o Leão, a coragem passa a ser uma virtude que me impulsiona nas situações perigosas, e que está dentro de mim. Esta é uma verdade que tem de ser descoberta por todas as mulheres."

Quando identificamos a coragem apenas nos atos heróicos, diante de situações perigosas, limitamos o nosso desenvolvimento. Mas, quando usamos uma definição mais ampla, estamos valorizando os atos de coragem da nossa vida cotidiana. As mulheres citadas estavam ansiosas para contar apenas alguns poucos atos que consideram corajosos: criar os filhos, morar sozinha, enfrentar o medo, ser honesta em relação aos seus próprios sentimentos e ouvir suas intuições.

Num artigo intitulado "O futuro é nosso e não podemos perdê-lo", Naomi Wolfe escreve: "As mulheres foram treinadas para achar que não tinham qualquer relação com a construção da história do mundo e para se acomodarem num papel de passividade. O feminismo aparece como a capacidade de as mulheres refletirem sobre esse papel histórico de submissão e procurarem transformá-lo. O terceiro milênio assistirá ao fim da Era da Desigualdade se as mulheres se unirem para descobrir a importância do papel que exercem na história. O futuro é nosso, não podemos perdê-lo. Estamos vivendo um momento crucial de transformação."

Os historiadores chamam esses momentos de mudança de "momentos de abertura". Assumir nossa coragem é um marco na nossa história. Vamos dar imediatamente os passos necessários nessa direção.

CAPÍTULO TRÊS

Inata ou adquirida?

O que quer que Deus tenha feito nascer,
deve nascer com coragem.

Sófocles

DE ONDE VEM A CORAGEM?

Durante todos estes anos em que venho investigando a coragem feminina, vi que ela caminha lado a lado com a vulnerabilidade, a responsabilidade em relação a si própria, a sinceridade, o respeito, a fé e o amor. A minha observação levou-me à pergunta: a coragem é inata ou adquirida? Por que algumas mulheres têm coragem e outras não?

A CORAGEM É INATA NAS MULHERES?

Para Tracy, uma das mulheres entrevistadas neste livro, a combinação da coragem com a auto-estima é o fundamento do seu ser. Durante a entrevista, ela se mostrou atraente, digna e com uma segurança fora do comum. Formada no Boston College e na Georgetown Law School, essa mulher carismática, de quarenta e três anos, negra, se revela uma empreendedora.

"Minha auto-estima e minha coragem inata se complementam. **O aspecto mais importante da coragem é a auto-estima.** Sou destemida e tenho auto-estima, o que ajuda a impedir qualquer atitude negativa. Nunca acho que não vou poder fazer qualquer coisa só porque disseram que vai ser difícil ou doloroso. Começo acreditando que posso fazer tudo aquilo que queira."

Tracy não sabe em que momento de sua vida percebeu que era destemida. "Eu não acordei de repente e disse a mim mesma: 'Vá em frente e seja corajosa, apesar das conseqüências, porque isto é o que deve ser feito.' Acho que minha coragem é inata."

O primeiro modelo de mulher para Tracy foi sua jovial avó. Dotada de força de vontade e capacidade de trabalho, ela fazia o que era necessário para enfrentar os obstáculos da sua vida. Esta forma de ser, do tipo "deixa comigo", contribuiu para reforçar a natural firmeza de Tracy. "Você perde muitas oportunidades quando se impede de tirar da vida o máximo que ela pode lhe dar."

Mulheres que decidem assumir sua coragem são capazes de reavaliar suas vidas e saudavelmente separar-se daqueles que não incentivam seu crescimento. Muitas vezes essas mulheres precisam ousar discordar do modelo feminino tradicional.

Anne, a sétima filha de uma família de doze irmãos, também acredita que a coragem é inata. Ela tinha vinte e nove anos quando foi entrevistada. Divorciada, mãe de dois filhos, trabalhando fora de casa, ela diz: "A coragem é a capacidade de acordar todas as manhãs e enfrentar o que quer que a vida lhe apresente." E acrescenta: "Foi minha mãe quem me ajudou a desenvolver minha coragem natural. Ela me dizia: 'Se você acreditar que pode fazer qualquer coisa, você a fará. Faça o melhor que puder e entregue-se inteiramente ao que está fazendo.' Procuro ensinar meus filhos a terem esta mesma atitude."

"Coragem é o desafio interior que nos leva a lutar e decidir que não vamos aceitar as coisas tal como estão. Fico estarrecida quando vejo mulheres da minha geração acreditando que ainda são o sexo frágil. Nós todas nascemos corajosas. Essa coragem se manifesta desde a infância, pois é preciso coragem para se sentar, andar e falar. Da mesma maneira, quando somos adultas, é preciso coragem para saber enfrentar e ultrapassar um dia ruim, uma fase crítica, um momento difícil. **As pessoas parecem ser cegas diante dessa virtude que se manifesta o tempo todo. É fundamental identificar a coragem para poder conquistá-la!"**

...Ou a coragem é aprendida?

Por outro lado, Laurie acredita que a coragem pode ser aprendida. Com quarenta e sete anos, ela tem certeza de que as pessoas nascem com certos traços de personalidade que as predispõem a determinadas ações. Mas acredita também que através da experiência as pessoas vão aprendendo. Se cada vez que uma criança se depara com uma situação difícil, ela recua e é protegida, não lançará mão de sua capacidade interior de enfrentar o desafio. Mas se, ao contrário, a criança é estimulada a encontrar uma solução e partir para a ação, ela irá tomando contato com sua própria força e repetindo pequenos atos de enfrentamento de problemas que irão fazendo dela uma pessoa corajosa.

"Quando você olha para bebês, vê que eles não têm limites. As crianças muito pequenas experimentam coisas novas sem medo. Elas querem tocar, sentir o gosto, o cheiro, explorar o meio ambiente com seus movimentos. É claro que existem diferenças de disposição e energia entre as crianças, mas a capacidade de coragem está dentro delas, podendo ser desenvolvida ou abafada."

"É a recompensa ou a punição, o estímulo ou a repressão que recebemos diante de determinados fatos que mudam o nosso comportamento. Tanto podemos recuar, amedrontados, quanto avançar, aceitando os riscos e testando nossos limites. **A coragem está ligada à disposição de correr riscos.** Existem diferentes níveis de risco, e acho que existem duas formas de coragem. Algumas vezes, você praticamente não tem escolha e precisa ser corajosa – como diante de problema com um filho. O segundo tipo de coragem consiste em desejar alguma coisa e ir em busca dela. Neste caso, você terá que vencer a inércia e motivar-se para ultrapassar sua zona de segurança."

SE VOCÊ TIVER CORAGEM, OSTENTE-A

Pelo menos sessenta por cento das mulheres com quem falei vêem a coragem como uma virtude inata. Stephie, por exemplo, dirige uma organização dedicada ao desenvolvimento das mulheres em posição de comando. Ela acredita, sinceramente, que todas as mulheres nascem com coragem. De acordo com Stephie, **"a questão é realizar coisas na vida que permitam que a coragem se desenvolva, para que possamos contar com ela.** Tenho visto muitas mulheres perderem a coragem, mas também tenho contato com mulheres extremamente corajosas. Elas tiveram que enfrentar batalhas, como viver com um pai alcoólatra, lutar pelo respeito acadêmico e serem submetidas a abusos. Todas elas optaram por reagir: 'Eu não mereço ser tratada dessa forma, não permitirei que isso aconteça e usarei toda a minha energia para fazer com que isso pare.'"

Myrna teve seu primeiro filho em 1998. Ela acredita que nasceu com coragem, pois aos seis anos precisou enfrentar enormes dificuldades. Ela e sua avó viajaram a pé e de ônibus, da Guatemala para os Estados Unidos, atravessando o México. "Minha avó já demonstrara sua coragem criando sete filhos como mãe solteira."

Quando terminou o ensino fundamental em 1990, Myrna entrou para o exército contra a vontade dos pais. No campo de treinamento o sargento encorajou-a a ser firme. Por não ser muito alta, as pessoas duvidavam da sua força e habilidade, o que a obrigou a superar muitos obstáculos. Constantemente, ela precisou buscar sua coragem interior. "Mostrei minha coragem me excedendo nos testes de treinamento físico", ela se recorda. As situações de desafio e medo se multiplicaram, atingindo dimensões de quase pânico, mas em todas a coragem de Myrna prevaleceu.

"Uma vez, nossa unidade foi a primeira a desembarcar numa área desconhecida. Nós nos abrigamos numa trincheira subterrânea e eu podia ouvir os helicópteros pairando acima das nossas cabeças. Senti pavor, achando que ia morrer, mas tive a coragem de enfrentar o medo da morte. Depois de quatro horas de agonia, nossa unidade foi resgatada."

Como mulheres, nascemos com os atributos que nos permitem deixar a coragem florescer: força, firmeza e motivação. Quando surge uma situação difícil, a coragem quase sempre se manifesta como uma força dominante na personalidade da mulher. A crença de Myrna na coragem era simples: **"Primeiro, tenha consciência da coragem como força interior; depois, faça a escolha de colocá-la em prática."**

Reivindicando seu direito inato

Podem estar certas: dentro de cada uma de nós existem reservas de coragem e força. As mulheres que escolhem o caminho da coragem sentem que detêm em suas mãos o controle da própria vida. Myrna acredita que os contratempos da vida podem se transformar em novas oportunidades. Para ela, a coragem tem a ver com otimismo, com a capacidade de usar recursos próprios para alcançar o que acredita merecer, para saber expressar com firmeza sua vontade, mesmo sob pressão ou diante de situações ameaçadoras.

Myrna diz: "Diante de uma situação capaz de me intimidar, primeiro procuro saber tudo sobre ela e em seguida escolho o que vou fazer. Procuro basear sempre minhas ações no conhecimento da realidade, para não deixar as emoções que surgem inevitavelmente me afastarem do caminho que desejo tomar. Uma vez uma amiga me perguntou: 'Por que você é tão corajosa e eu não?' Respondi que o simples fato de fazer uma pergunta direta como aquela já era uma prova de coragem. O conselho que dou é este: comece com pequenos atos de coragem, tais como fazer uma pergunta direta e desafiadora!"

Karen, gerente de vendas de uma companhia farmacêutica internacional, tem noção de que desde cedo fez uso da sua coragem. Ela diz: "O ser humano tem demonstrado coragem ao longo de todos os tempos. A semente está dentro de cada um de nós, pronta para ser desenvolvida. O apoio que recebemos dos outros ajuda a coragem a crescer. É muito importante reconhecer e estimular os pequenos atos de coragem de uma criança, mas, mesmo depois de adultos, o reconhecimento de nossos pequenos atos de coragem reforça essa virtude."

A mãe de Karen foi um exemplo de coragem para a filha. Judia, enfrentou preconceitos, e Karen aprendeu desde cedo a reconhecer e valorizar os atos de coragem. Aos quarenta e seis anos, ela procura transmitir coragem para seus dois filhos e educá-los para não recuar ante os desafios. Sua própria coragem foi essencial quando seu marido apareceu com um câncer no pulmão e precisou ser hospitalizado sete vezes enquanto fazia quimioterapia.

"De repente, aquele homem enérgico e corajoso tornou-se amargo e amedrontado. Encorajei-o a continuar com suas atividades, por mais penoso que fosse, para que ele mantivesse a vitalidade e a crença em si. Admirei a coragem que brotou do medo e do desânimo e estou certa de que sua cura deveu-se em grande parte a essa atitude. **Muitas vezes as pessoas não percebem a coragem heróica que existe nos simples esforços de sobrevivência"**, disse Karen.

As histórias nos mostram que, embora inata e presente em

potencial em cada um de nós, a coragem pode ser aprendida e desenvolvida. Tenham certeza: a coragem nunca se esgota e sempre oferece uma renovada reserva de força e esperança que pode ser acionada quando necessitamos. Você quer criar seu reservatório e expandir o que já possui? Será que vale a pena? Então, vamos ver como outras mulheres romperam suas amarras e eliminaram velhos padrões para poder cultivar e desenvolver sua própria coragem.

CAPÍTULO QUATRO

Mudando o olhar do observador

Filha, nunca coloque a sorte no lugar
onde deve ficar a coragem.

Clementine Padleford

O MITO DA MULHER MASCULINIZADA PODE INIBIR SUA PERSONALIDADE

Muitas mulheres cresceram com o rótulo de "masculinizada", muitas vezes dito de forma elogiosa, quando eram vistas como pessoas determinadas e enérgicas.

Durante séculos, os homens que dirigiram e definiram nossos países ditaram as normas que deveriam ser seguidas pelas mulheres. Qualquer traço diferente das regras consideradas "normais" para as mulheres causava rejeição e censura. A maioria das meninas tentava seguir as regras estabelecidas pelos homens para serem aceitas.

Cerca de vinte por cento das mulheres que entrevistei descreveram-se como "masculinizadas", sobretudo quando mostravam habilidades atléticas, quando diziam ter preferido na infância brincadeiras de meninos, ou por serem adultas firmes e enérgicas.

Stephie, que cresceu entre 1940 e 1950, não brincava de bonecas ou de dona-de-casa como as outras meninas. Ao contrário, convencia as amigas a brincar de pirata, e gostava de representar o papel dos "durões", tal como o capitão do navio.

Olhando para trás, Stephie percebe que, desde cedo, os comportamentos corajosos eram naturalmente incentivados nos meninos e controlados nas meninas. Percebeu também que havia nela uma força inata que, apesar dos "deve, não deve" impostos às meninas, se insurgia e abria seu próprio caminho de independência e liberdade. "Minhas amigas não faziam as coisas que eu fazia, nem queriam brincar com os meninos e agir como eles. Como eu brincava com os meninos, era obrigada a me superar fisicamente. Tive que me arriscar e desrespeitar as regras. Este tipo de comportamento tinha mais a ver comigo. Por exemplo: em nossa casa na montanha eu andava a cavalo por mais de sete horas seguidas. Sempre levava um alicate para o caso de encontrar alguma cerca que me impedisse de seguir em frente. Acho que esta é uma imagem simbólica: como eu era rebelde, ultrapassava qualquer limite colocado artificialmente à minha volta", dizia Stephie.

"Nas brincadeiras de caubói, sempre me recusei a ser a donzela inocente que precisava ser resgatada." Stephie se via como o herói, e assim mudava os estereótipos. Ela saiu na frente, não se deixando anular por regras que considerava ultrapassadas.

Teresa, quarenta e cinco anos, é uma alta executiva. Ela conta que cresceu cercada por mensagens restritivas. "Minha professora da quarta série me censurava quando eu levantava a mão para responder perguntas. Isso era visto como um ato audacioso e reprovável. Eu me sentia cheia de vivacidade e com um enorme desejo de aprender. Mas minha mãe dava total apoio às atitudes da escola. Se eu me rebelava contra a professora, chegava a ser punida pelo que consideravam uma insubordinação."

"Aos oito anos, uma vez estava na fila de uma loja com minha mãe e vi que ela observava fixamente a caixa que registrava nossas compras. Perguntei-lhe se ela estava olhando assim para ver se a moça da caixa não estava se enganando. Ela achou uma ousadia da minha parte fazer, em público, essa pergunta inocente. **Fui ensinada a não ser corajosa, a ser reprovada por qualquer sinal de desenvoltura ou força de caráter. Mas é fantástico constatar que essa educação nunca abafou minha coragem inata.**"

O PODER DA PERSPECTIVA

Muitas vezes, basta compreender melhor uma situação para estimular a coragem. Como podemos constatar nas opiniões registradas aqui, cada pessoa encara a coragem a seu modo. Se você mantém suas crenças antigas, é difícil ver as coisas numa perspectiva nova.

Vou mostrar o que estou dizendo a partir de um exemplo pessoal. Uma vez, ao visitar Lauren, minha grande amiga, ela me contou da dificuldade que tinha em discutir qualquer assunto com o marido, Rick, sem que ele se enraivecesse e criasse um conflito. Como detestava agressões e queria evitar confrontos, Lauren se encolhia e deixava de expressar seus sentimentos sobre as coisas que a incomodavam.

Quando ela se queixou comigo, arrisquei uma sugestão: "Não acho que Rick tenha a intenção de agredir você. Veja essa reação de raiva como uma característica da personalidade dele. Ele não consegue controlar a raiva e, de certo modo, se sente bem com a raiva. Assim como algumas pessoas preferem agradar e outras se retrair, ele prefere expressar a raiva. Tenho a forte impressão de que ele não tem a menor intenção de agredir você."

Lauren pensou um pouco antes de responder: "Você sempre disse que eu precisava mudar minha forma de ver as coisas. Mas não é fácil. Quem sabe você pode me ajudar."

Decidimos reproduzir uma típica conversa que levava Rick a ter reações de raiva. Sugeri que Lauren encarasse o modo como

Rick reagia simplesmente como uma manifestação da personalidade dele. Se ela conseguisse ouvir o que ele estava dizendo, sem se deixar intimidar pela forma, poderia prosseguir no diálogo usando seu próprio estilo calmo e suave. Ensaiamos algumas vezes, e Lauren resolveu fazer um esforço para aceitar a diferença de estilos que existia entre ela e o marido, superar o medo e escutar apenas a mensagem verdadeira. Em vez de calar-se ressentida, ela esperava que, com o tempo, seu jeito tranqüilo e direto fizesse com que Rick mudasse.

Lauren precisou de muita coragem para mudar seu jeito de reagir e conseguir dizer para o marido o que a incomodava. A dificuldade de Lauren é uma das mais comuns. Todas nós precisamos lidar, todos os dias, com pessoas que possuem um padrão de resposta diferente do nosso. É difícil desmanchar antigas percepções para construir outras novas, porque vamos pela vida armazenando percepções construídas no correr das nossas experiências. À medida que se repetem, essas percepções se estruturam em nossas mentes e se transformam em hábitos. **E os hábitos passam a ser armadilhas.**

É isso que acontece com todas nós, foi isso que aconteceu com Lauren. Ela não mudará só porque alguém lhe sugeriu que mudasse. É preciso primeiro identificar o problema, para em seguida ser ajudada a reagir de forma diferente e criar resultados diferentes. Reconhecer os benefícios da mudança irá desmanchando a antiga forma de ver e reagir e estruturando novas atitudes. Não é uma mudança fácil, porque todas nós tendemos a nos apegar aos velhos padrões familiares de comportamento – mesmo quando eles nos fazem mal.

O processo se inicia quando percebemos que os velhos padrões – as velhas percepções – lutam para se manter e assim sabotam as mudanças. Precisamos deliberadamente motivar a coragem que existe dentro de nós para transformar os padrões de comportamento que nos prejudicam. E essa motivação da coragem vem, na maioria das vezes, a partir de uma ajuda externa. Eu apenas estimulei Lauren a lançar mão de sua coragem, mostrando que ela se enganava na forma de ver as reações do marido. Quem teve que buscar a coragem dentro de si e colocá-la em ação foi minha amiga.

Mais tarde, eu soube que Lauren considerou nosso encontro uma bênção. A sugestão para que mudasse sua forma de ver a agressividade de Rick fez com que percebesse que a maneira como se relacionava com o marido estava baseada em algo que ela "via" – a raiva dele como uma agressão deliberada a ela – e não na "realidade". Ela se deu conta de que cada um vê e interpreta a realidade de forma diferente e nem sempre correta.

A coragem entra em ação quando saímos em busca de soluções.

CAPÍTULO CINCO

Buscando velhas "verdades"

O que tem peso em sua vida não é o que você faz de vez em quando, mas o que você faz todos os dias.

Jenny Craig

A VIRTUDE NO COMPLEXO MUNDO DE HOJE

Em sua autobiografia, Benjamin Franklin mostra que um sistema de auto-aperfeiçoamento deve ser focado em virtudes como a sinceridade, a atenção, a calma, a justiça e a amizade. Todas as manhãs, Franklin se perguntava: "Que bem farei hoje?" Terminava o dia com a pergunta "Que bem eu fiz hoje?", e registrava as respostas no seu diário.

No seu livro *Depois da Virtude*, a filósofa Alasdair MacIntyre afirma que virtudes como integridade, justiça e coragem deviam fazer parte da vida de qualquer pessoa ética. Ele enfatiza que a pessoa deve examinar cada uma de suas ações através das lentes dessas virtudes fundamentais, e que, à medida que essas virtudes forem cultivadas e incorporadas à vida da pessoa, ela passará a ser um membro efetivo e ético na comunidade humana.

Professora de negócios na Regys University, Catharyn Baird acrescentou a disciplina "virtudes éticas" ao seu curso de ética nos negócios e estimulou os estudantes a descobrirem esses valores. "Quando você determina o que é um ato ético e como você quer viver", dizia ela aos estudantes, "você decide quais são as virtudes que precisa incorporar à sua vida para poder vivê-la com integridade e coragem. À medida que for cultivando essas virtudes, você se tornará uma pessoa virtuosa, e as decisões a serem tomadas se tornarão muito mais fáceis." **As pessoas que têm o hábito de examinar sua vida percebem que rever suas ações à luz das virtudes desejadas ajuda a transformar as crenças em ações concretas.**

A VIRTUDE DA PACIÊNCIA

Antes perguntamos se a coragem é inata ou adquirida. A mesma pergunta pode ser feita em relação à origem das outras virtudes. A paciência, por exemplo, é inata ou adquirida? Para mim foi difícil aumentar minha reserva de paciência e integrá-la à minha vida. Passei boa parte da vida ouvindo as pessoas me dizerem: "Tenha mais paciência!"

Lembro-me da irritação que sentia ao ver um comercial de TV que dizia que o café que anunciava era melhor do que o concorrente porque era torrado lentamente. Um rótulo avisava que a "Paciência é a grande virtude". Saber se um grão de café torrado lentamente tem um gosto melhor continua sendo uma questão que depende da preferência pessoal.

Com a maturidade, minha paciência aumentou (vagarosamente, como a torrefação de um grão de café). Sinto que hoje já posso perceber com mais rapidez quando, ante uma situação, não devo fazer nada. Para isso, o ingrediente-chave é conhecer-se o mais possível.

Nos primeiros meses em que comecei a escrever este livro, por exemplo, um agente literário sugeriu-me que revisse todo o projeto, o que significava repensar e reformular o projeto do livro todo. Fiquei irritada e desencorajada. Precisei respirar fundo muitas vezes para não fazer nada durante quatro dias, até poder buscar a direção, o sentido e a coragem de que precisava. Uma voz interior me dizia: "Não se estresse desse jeito. Tenha paciência, você vai descobrir o que fazer!" Mas, para refazer meu projeto inicial, eu precisava tanto de paciência quanto de coragem. Durante esse período cheio de medos e dúvidas, precisei encontrar muita coragem para mudar minha direção inicial. Ficar parada, esperando descobrir o que devia fazer, me fez sentir como se estivesse sendo levada sem rumo, flutuando num dos mais difíceis de todos os campos da coragem – o desconhecido. Aceitei parte das sugestões do agente, e, no resto, usei minha intuição.

Minhas percepções surgem livremente quando estou de férias à beira do lago em minha casa de campo. Mas, na maioria das vezes, tenho que tomar minhas decisões na minha própria sala de trabalho. Foi assim que consegui criar uma proposta de livro e um sumário inteiramente novos. **Precisei chamar minha coragem interior para organizar meus pensamentos e mudar minha perspectiva. No momento em que meu coração se envolveu, voltei a me encorajar. Este livro é o resultado desta mudança de perspectiva que juntou paciência e coragem.**

A virtude da empatia

A empatia – capacidade de colocar-se no lugar do outro para entender seus sentimentos – é uma outra virtude que vale a pena ser revista quando se quer entender melhor o que é a coragem. Durante anos, eu dirigi treinamentos sobre a inteligência emocional. Minhas apresentações incluíam referências ao livro *Inteligência Emocional*, de Daniel Goleman. Um dos fatores da nossa inteligência emocional é a empatia. Um estudo científico, baseado no livro de Goleman, sugere que as raízes da empatia nascem na infância.

Mas o que acontece quando a empatia não é desenvolvida em

nossa infância? É possível ainda adquiri-la e usá-la? As pesquisas demonstram que a empatia está ligada ao autoconhecimento. Quanto mais nos conectamos com nossas próprias emoções, mais facilmente podemos entender os sentimentos dos outros. Em relação à coragem acontece o mesmo.

Linda, que é responsável pelo desenvolvimento de recursos humanos numa companhia de comunicação, ajuda as mulheres a descobrirem sua própria coragem para enfrentar situações difíceis. Ela prova a conexão que existe entre empatia e coragem. **"Ter empatia – ser capaz de se colocar no lugar do outro – indica o reconhecimento da sua própria coragem.** Costumo mostrar aos empregados como melhorar sua oportunidade de promoção, sobretudo quando não estão conseguindo avançar em suas carreiras. Para isso, é necessária uma aguda sensibilidade, principalmente quando se trata de gerentes mulheres. Eu mesma passei por situações complicadas quando era gerente numa empresa e por isso sei exatamente como elas se sentem. É difícil manter uma postura puramente profissional quando se está lidando com um problema pessoal de um funcionário que interfere no seu desempenho. A solução, a meu ver, é procurar colocar-se no lugar dele, para entendê-lo, mas ter coragem para dizer francamente quais são os limites e as exigências da empresa. A verdade exige muita coragem."

Quando as mulheres gerentes e seus funcionários decidem agir eticamente, a situação muda, a confiança aumenta, o que resulta num melhor desempenho pessoal. Linda aprendeu a ter coragem ao longo do tempo. "Acredito que a coragem me foi demonstrada e transmitida pelas mulheres da minha família e passou a fazer parte dos meus princípios morais."

Ainda hoje, Linda busca o conselho da sua mãe. "Minha mãe me repetia: 'Quando as coisas ficarem difíceis, continue andando, porque você sempre encontrará obstáculos.' Sempre pude expressar minhas opiniões e tive liberdade para errar sem ser censurada. Desde cedo fui incentivada a descobrir o que tinha aprendido com o erro." Linda é grata à sua família pelos resultados que alcançou e que lhe permitiram ter coragem para fazer o que considerava certo.

Não importa qual é a virtude. **O importante é a sua capacidade de ligar a coragem à empatia, a sensibilidade à convicção do que é justo e íntegro, para mudar sua forma de agir e de pensar.**

SEGUNDA PARTE

Criação

Ei, evolua!

Um dia, dirigindo meu carro, vi no pára-choque do que estava à minha frente um adesivo que dizia: “Ei, evolua!” Imediatamente comecei a pensar naquela frase. Será que eu tinha evoluído?

Sei que evoluí. Também sei, por experiência própria, que evoluir requer coragem.

Ao estudar psicologia e filosofia esotérica, aprendi que o medo de ser vulnerável me separava da minha essência espiritual. Duas teorias, o Indicador Myers-Briggs e o Eneagrama, me ajudaram a perceber os padrões de comportamento que me impediam de alcançar o que eu desejava da vida.

O Indicador Myers-Briggs é uma teoria calcada no pensamento de Carl Jung. Ela nos fala das dezesseis preferências da personalidade, baseadas em quatro tipos. O Eneagrama afirma que todas as pessoas fazem parte, basicamente, de nove tipos diferentes de personalidade que determinam sua visão do mundo. Esses conceitos me ajudaram a descobrir os meus próprios medos.

Fui ensinada a esconder minha vulnerabilidade, o que me fazia sentir que, se a externasse, não conseguiria sobreviver. O medo de morrer teve sua origem na minha infância, quando realmente quase morri. O medo também parecia ser conseqüência de alguma coisa que me faltava na vida. Esta coisa era a confiança. A falta de confiança impediu-me de ser honesta e próxima tanto de meus parceiros como de mim mesma.

Ter consciência das minhas limitações foi o primeiro passo para a transformação. Fui em busca da minha própria coragem para poder confiar pelo menos nas pessoas mais próximas. Desenvolvi um plano e passei a tomar determinadas atitudes que me ajudaram a vencer o medo de ser vulnerável. Uma delas foi pedir ajuda enquanto escrevia este livro.

Agora que me sinto curada, desenvolvi um sistema que poderá ser usado também por outras pessoas. É o que chamo de "processo dos três passos para a integração da coragem" (ver pág. 64). O processo surgiu quando resolvi entrevistar as mulheres que, ao responderem aos questionários, se consideravam corajosas. Os questionários foram distribuídos em 1997. A pesquisa e os resultados das entrevistas seguem esta introdução à Segunda Parte.

Pesquisas adicionais mostraram como as mulheres:

- reivindicam a coragem,
- identificam as características da coragem e
- desenvolvem a coragem para conseguir bons resultados.

Agora que você já viu que a coragem pode ser inata, mas também aprendida, que já entendeu o que são antigos padrões e qual o valor das outras virtudes além da coragem, vamos examinar como você se vê. Por favor, responda ao questionário da página seguinte para aprender o valioso processo dos três passos para a integração da coragem. Você vai descobrir e reformular as incertezas que a paralisam e não lhe permitem evoluir. **Você vai ser capaz de mudar as limitações que descobrir.**

QUESTIONÁRIO

Responda à pergunta abaixo fazendo um círculo em volta de nove palavras que representam a forma como você se vê:

"Eu vejo a mim mesma como uma pessoa..."

carismática	enérgica	conservadora	ativa
honesta	ambiciosa	gregária	reservada
madura	destemida	intuitiva	afável
atlética	prática	audaciosa	ordenada
humilde	justa	feliz	determinada
inteligente	realizada	rápida	visionária
sensível	compreensiva	complexa	emotiva
corajosa	moderada	criativa	perceptiva
independente	liberal	fechada	persistente

PESQUISA E RESULTADO DOS QUESTIONÁRIOS

O objetivo do questionário foi (1) confirmar a premissa de que apenas 10 a 12 por cento das mulheres se considerariam corajosas e circundariam a palavra coragem e (2) identificar as mulheres que se acham corajosas e contar suas histórias para que outras possam reconhecer a coragem quando ela se manifestar.

Às mulheres que se afirmaram corajosas foram pedidas outras informações:

1. Dar a sua definição de coragem.
2. Fazer uma lista de experiências pessoais que exigiram coragem.
3. Escrever cerca de 120 palavras explicando: "O que a coragem significa para mim."

O questionário foi distribuído nos meus seminários de treinamento, nos encontros de mulheres de negócios, a vizinhas e amigas. Pedi que todas fizessem cópias dos questionários e os encaminhassem a outras pessoas por fax ou e-mail. Eu queria alcançar o maior número possível de mulheres "comuns". Recebi de volta mais de 700 formulários preenchidos. As idades iam de 21 a 87 anos, e o maior grupo foi de mulheres entre 31 e 50 anos, e o menor, de mulheres entre 51 e 60 anos. A maioria das entrevistadas tinha o segundo grau, e muitas, nível universitário.

As respostas confirmaram minha suposição de que "corajosa" não é um adjetivo que as mulheres usam comumente quando se descrevem. Entre mais de 700 respostas, apenas 71 mulheres se descreveram como corajosas.

Entretanto, as respostas sugeriam que as mulheres que preencheram todo o questionário tinham percepções mais positivas sobre si mesmas. As palavras mais escolhidas foram:

honesta – feliz – compreensiva – inteligente –
determinada – intuitiva – independente – ambiciosa.

Talvez muitas mulheres tenham escolhido essas palavras porque elas representam as qualidades mais desejáveis socialmente. As palavras menos escolhidas foram:

corajosa – moderada – persistente – ordenada –
humilde – audaciosa – reservada – realizada – liberal.

As mulheres não se identificaram, ou não aceitaram se identificar, com palavras como *corajosa*, *persistente*, *audaciosa* porque elas são ligadas a traços masculinos. Talvez não tenham se identificado com adjetivos como *liberal* e *moderada* porque essas palavras podem estar associadas a algum tipo de filiação política.

Interessante foi descobrir, nas entrevistas que se seguiram, que o grupo de mulheres que se identificaram como "corajosa" não era muito diferente do que não se identificara com a palavra. Isso confirma a minha hipótese de que as mulheres que se vêem como corajosas talvez não sejam uma grande porcentagem da população, mas um pequeno grupo que assumiu o conceito de coragem como um meio de dar suporte às suas vidas.

Tanto as mulhcrcs quc sc considcram corajosas como as que não se vêem assim se avaliam como: inteligentes, compreensivas, honestas, felizes e independentes.

Por outro lado, as palavras menos escolhidas tanto por umas quanto por outras foram:

ordenada – liberal – reservada – moderada.

As mulheres que se consideravam pouco corajosas diziam-se mais:

práticas (27,4 por cento contra 12,7 por cento)
sensíveis (33,1 por cento contra 9,2 por cento).

As mulheres que se consideravam corajosas diziam-se:

persistentes (12,7 por cento contra 5,4 por cento)
atrevidas (18,3 por cento contra 9,2 por cento)
visionárias (26,8 por cento contra 11,0 por cento).

Como você se definiu? Uma das palavras escolhidas foi *corajosa?* Quer a coragem tenha sido ou não um dos seus nove traços, o poderoso processo dos três passos que virá a seguir revelará como usar a coragem cada vez mais na sua vida diária.

CAPÍTULO SEIS

O processo dos três passos

Existe em nós muita coragem para as coisas abstratas,
mas muito pouca para as concretas.

Helen Keller

DESENVOLVENDO A CORAGEM

Todas as mulheres possuem o potencial necessário para viver de uma forma engajada e interessante. O segredo para conseguir esse tipo de vida é desenvolver a coragem. Dentro de cada uma de nós existe a capacidade de viver corajosamente, embora quase sempre seja necessário recriar-se interiormente para recuperar essa virtude esquecida. Tomar posse da coragem nos levará a usufruir mais plenamente a vida. Descobriremos nossas melhores qualidades e nos tornaremos capazes de modificar as circunstâncias negativas que nos impedem de fazer nossas escolhas com mais liberdade. É possível integrar a coragem em todos os aspectos da vida, dos mais simples e cotidianos aos mais complexos e arriscados. Escolhi dois exemplos que considero criativos e divertidos: a arte e o golfe.

O PROCESSO DOS TRÊS PASSOS NUM CURSO DE ARTE

Os professores de arte sabem que os estudantes, no primeiro dia de aula, já entram em sala com todos os seus medos, dúvidas, confusões, defeitos, e alguns com uma exagerada autoconfiança em seus dotes artísticos. Um competente professor de arte planejou um exercício para quebrar esse tipo de atitude em seus estudantes adultos. Ele usou um processo de três passos para reformular o tradicional meio de ensinar e, assim, proporcionou aos seus alunos a oportunidade de terem novas percepções. Seu processo de três passos é semelhante ao que vamos usar para a integração da coragem à nossa vida.

PRIMEIRO PASSO (AUTODESCOBERTA): O professor pede que os estudantes desenhem círculos numa folha de papel. Como a expectativa dos alunos é desenhar uma figura nua, eles se espantam diante dessa instrução, sem entender o que o desenho de círculos tem a ver com o de uma figura humana. Perguntam: "Devo desenhar círculos grandes, pequenos, apertados, um só ou muitos círculos?"

O professor responde: "Por enquanto, divirtam-se apenas desenhando círculos! Entreguem-se a este novo processo." O objetivo é eliminar a atitude rígida dos estudantes em relação à arte, sobretudo a como desenhar uma figura nua. Eles estão habituados a agir sempre da mesma maneira. Não é fácil tirar da cabeça deles as antigas idéias que os impedem de entrar em contato com novas percepções em relação ao desenho. Os estudantes mais atentos compreendem isso e percebem que padrões viciados podem ser usados tanto no desenho quanto em várias situações de vida.

Em seguida, o professor manda que desenhem o nu usando círculos. Mais uma vez, os estudantes questionam o exercício. Perguntam por que devem usar círculos para desenhar uma figura humana. Inventam desculpas e justificativas para explicar suas inibições, limitações e resistências diante de propostas e idéias novas.

SEGUNDO PASSO (IMPULSO INICIAL): Então, o professor manda que olhem atentamente para o nu que desenharam e os provoca com perguntas como: "Qual foi a parte do corpo nu que vocês deixaram de desenhar?" Os estudantes respondem, indicando as mãos, os pés, a cabeça, as nádegas ou qualquer outra parte. O processo faz com que tomem consciência daquilo que mais os intimida ao desenhar uma figura humana e o que precisam aprender e fazer para que a figura humana fique completa.

TERCEIRO PASSO (TÉCNICAS): O professor pede aos alunos que procurem arquivos e livros que focalizem as partes omitidas e encontrem exercícios que ensinem técnicas para desenhar, por exemplo, as mãos do modelo. Eles, então, começam a fazer os exercícios.

Através desse processo, os estudantes aprendem a importância de enfrentar tarefas pouco conhecidas. A intenção é levá-los a aceitar novas possibilidades e começar a vencer os próprios preconceitos. Assim, eles adquirem novas características e descobrem resultados interessantes, tais como: uma atitude positiva ante os desafios, o aumento da auto-estima e a diminuição do medo de falhar. Eles estão evoluindo!

As mulheres que aplicam esse mesmo processo às atividades da sua vida conseguem superar o medo da mudança e descobrem uma verdade bem simples: o que existe no mais profundo de seu ser é a coragem, origem primeira do crescimento. **O processo de autoconhecimento renova os modelos do passado e abre novas perspectivas.** Quando isto acontece, surgem capacidades esplêndidas que talvez as mulheres soubessem intuitivamente que possuíam, ou desejassem tê-las, mas que nunca tinham esperado poder realizar.

O PROCESSO DOS TRÊS PASSOS PARA MELHORAR O GOLFE

Em março de 1999, Susan Morgan escreveu um artigo sobre um workshop de cinco dias chamado "O golfe no reino: uma aventura no jogo interior", que aconteceu no Instituto Esalen, na Califórnia.

Esse workshop, feito para melhorar o jogo dos golfistas, foi desenvolvido em 1992 por Steve Cohen, um especialista em terapia do comportamento. O método usado é semelhante ao processo dos três passos utilizado para a integração da coragem à nossa vida.

PRIMEIRO PASSO (AUTODESCOBERTA): Antes mesmo de chegar, os participantes faziam perguntas como: "Devo levar meus tacos de golfe?" e "O workshop é apenas para jogadores de golfe experientes?". Logo na primeira sessão, eles rapidamente percebiam que não iam precisar nem de tacos nem de bolas de golfe. Em vez disso, iriam falar sobre suas expectativas num jogo de golfe, coisas como "acertar todas as bolas", "esmagar o opositor", "divertir-se ao ar livre". Nas conversas, eles examinavam seus sentimentos de medo, confiança, auto-estima, competição e desejo de vencer. O líder do grupo ia anotando as respostas num quadro.

Os membros do grupo fizeram alguns exercícios de alongamento e visualização para poderem se concentrar internamente. Em seguida, cada um deveria olhar para a pessoa sentada à sua frente e anotar o que observava, completando a frase "Eu vejo...".

De que forma esse exercício se relaciona com o golfe e o desenvolvimento da coragem? O exercício revela como olhamos os outros com idéias preconcebidas. O objetivo é eliminar esses preconceitos.

Em seguida, os participantes faziam esse mesmo exercício expressando suas idéias preconcebidas em relação ao golfe. Eles deviam fechar os olhos e embarcar profundamente numa jornada onde reviviam experiências passadas em partidas de golfe, lembrando ex-esposas, professores odiáveis e parceiros desagradáveis. Ao comunicar uns aos outros o que tinham pensado, os participantes descobriam como esses preconceitos infundados eram comuns a todos. Ao se darem conta de que o problema era geral, os membros do grupo passavam a confiar mais uns nos outros, assumindo uma postura de apoio, em vez da usual competição.

SEGUNDO PASSO (IMPULSO INICIAL): Aos poucos, os participantes começavam a se movimentar para jogar. Dirigiam-se para um campo improvisado, de apenas quatro buracos, com vista para o mar. Com a nova consciência que os fazia ver o jogo de golfe como uma metáfora de certos aspectos de suas vidas, alguns falavam da importância da experiência, outros expressavam o desejo de abrir mão da exigência de perfeição em tudo que faziam e outros ainda sentiam-se desconfortáveis, achando o processo muito arriscado. Todos puderam associar as reações daquele momento às suas experiências de vida.

TERCEIRO PASSO (TÉCNICAS): Usando um único sistema de marcação, os jogadores qualificaram o que significava para eles chegar a cada buraco e o que desejavam do jogo. Examinaram atentamente as descobertas que tinham feito no primeiro passo. A cada dia, a experiência vivida no jogo de golfe expandia sua tomada de consciência. Era como se as bolas voando em direção ao mar levassem com elas velhas idéias e expectativas.

A longa semana do workshop terminou com uma partida em que todos jogaram, animados pela recém-descoberta perspectiva de vida.

O dia maravilhoso começou com um grande grito geral de alegria. Antes, meditaram e visualizaram o campo de golfe. A certeza de serem amados e ajudados pelos outros permanecia em suas mentes. Sabiam que era verdade – eles tinham sentido isso durante toda a semana. O workshop fora uma experiência magnífica, em que os participantes cresceram e aprenderam a se conhecer melhor.

Nossa própria história de vida, cheia de preconceitos e expectativas, pode nos manter num estado de estagnação. O processo para sair dele requer trabalho árduo – olhar para você como realmente é e não como imagina ser. A jornada também exige que os problemas sejam vistos como oportunidades de crescimento. É um primeiro passo vital para construirmos o caráter – para construirmos um reservatório de coragem – e para percebermos as conseqüências dos nossos pensamentos, palavras e atos em nossa vida.

Usando o processo dos três passos para a integração da coragem, cada mulher se torna capaz de descobrir e entender melhor o que lhe aconteceu no passado e o que está acontecendo no presente. Ela poderá examinar de que forma as memórias, atitudes, crenças e influências externas moldaram, de maneira inconsciente, sua mente. Ela identificará os padrões de comportamento que foram se formando no correr de sua vida.

O resultado desse processo é a alegria. Ao se descobrir como uma pessoa corajosa – que já enfrentou com coragem tanto pequenos como grandes desafios –, você começará a agir de forma diferente. Ao integrar ainda mais a coragem à sua vida, você terá um método capaz de guiá-la, passo a passo, numa nova jornada.

CAPÍTULO SETE

Autodescoberta

Para adquirir conhecimento é preciso estudar; mas para adquirir sabedoria é preciso observar.

Marilyn vos Savant

CONHECER-SE

As revistas femininas usam testes para induzir as mulheres a buscarem novas percepções. "Vinte perguntas para você encontrar o seu tipo de homem", "Você educa seus filhos para que eles sejam amáveis?", "Faça este teste para saber se você é carismática" ou "Você faz com que a pessoa que ama se sinta amada?".

Embora seja divertido fazer testes, geralmente respondemos de maneira superficial, mas continuamos a viver de acordo com os mesmos padrões pouco produtivos que nos trazem sempre o mesmo retorno. Entretanto, se levarmos a sério o antigo axioma grego *Conhece-te a ti mesmo*, saberemos por onde começar a jornada.

Conseguir se conhecer não é fácil. Estamos tão estruturadas num modo de ser, somos tão defendidas, que esta procura exige persistência e nos força a enfrentar resistências construídas ao longo do tempo. Mas não temos outra alternativa se pretendemos ser mais livres em nossas escolhas.

Comece sua jornada fazendo uma auto-avaliação. Talvez você se sinta tentada a desistir. Foi isso que me aconteceu enquanto escrevia este livro. Muitas vezes me senti frustrada e perdi a coragem. Quando me descobria desatenta, ficava com raiva e me censurava: "Sandra, esquece o livro! Você é uma instrutora. Elabore um programa de treinamento em que você possa contar suas histórias de coragem."

Fazendo uma auto-avaliação, comecei a descobrir as manifestações de coragem em minha vida, indo até os níveis mais profundos. Fui aos poucos tomando consciência das situações em que, quase sem pensar, eu enfrentava corajosamente os desafios e obstáculos e aquelas em que fugia atemorizada. Os pedaços foram se juntando e eu fui compreendendo por que vivia de uma determinada maneira. Comecei então a escrever sobre os aspectos da minha vida que eu achava que tinham exigido coragem. **Ao rever, percebi que a coragem estava, de fato, ligada a todas as facetas da minha existência.** Entreguei-me ao processo, buscando a verdade no fundo do meu coração.

Olhe para dentro antes de olhar para fora

Vamos começar então esse processo de autodescoberta. Pegue um caderno e vá anotando, ao acaso, durante uma semana ou um mês, todos os momentos especiais do seu caminho. Essas experiências poderão ser alegres ou dolorosas. Por exemplo, engravidar logo em seguida ao nascimento do primeiro filho pode ter sido um tempo difícil, mas não necessariamente uma experiência negativa. Faça uma lista, apontando todos os problemas, desapontamentos, desafios, mudanças e até mesmo suas vitórias. Incluindo tanto as provações emocionais como as físicas. Não julgue os fatos como bons ou maus, certos ou errados. Liste simplesmente os eventos que tiveram um impacto especial na sua vida. Assinale até os que aconteceram na sua infância, mesmo que não se lembre, mas que ouviu contar pelos parentes mais velhos. Não deixe de anotar cada vez que uma lembrança lhe vier à mente. Em seguida, arrume os eventos, seqüencialmente, da infância até os dias de hoje.

Este exercício de auto-observação mostrará suas características passadas, suas crenças e suas expectativas. Você se dará conta de situações que se repetem em sua vida, motivadas por velhos vícios, e começará a adquirir um novo estado de consciência. **Esta nova consciência vai fazer com que você fique mais atenta para sua forma de agir e reagir, vai ajudá-la a entender suas motivações e a querer modificá-las.**

Observando-se atentamente

Aos poucos, você vai deixar de agir inconscientemente, automaticamente, levada por velhos padrões. Você vai passar a se observar com muito mais atenção, descobrindo o que está realmente acontecendo, tornando-se mais capaz de escolher a atitude que quer tomar. Ao fazer a lista das experiências da sua vida, você será mais capaz de identificar seus velhos e recorrentes modelos, assim como as antigas crenças que a fazem repetir as mesmas ações e não a deixam caminhar. Essa nova forma de consciência será muito importante para você poder superar seus padrões negativos e indesejáveis, reforçando os que são benéficos e positivos.

Identificando os padrões atuais

Depois que você tiver colocado em seqüência a lista dos eventos da sua vida, escreva embaixo uma questão, um problema ou um conflito que a esteja atualmente incomodando. O próximo passo é perguntar "Por quê?" e "O quê?", procurando descobrir a causa e indo até a origem do seu problema.

A mágica que existe nas perguntas "Por quê?" e "O quê" sempre me intrigou. Respondê-las nos dá percepções quase sempre surpreendentes das razões que determinaram certos acontecimentos ou comportamentos nossos. Reveja a lista de experiências. As perguntas que se seguem irão ajudá-la a responder:

- O que evito?
- Qual é a minha motivação básica?
- O que me inibe?
- O que me dá energia?
- Por que reajo dessa maneira?
- Por que tenho medo?
- Por que não vou atrás do que considero importante?
- Por que deixo de agir quando é necessário?
- Por que não respondo aos meus próprios questionamentos?

Quando você descobre que tem um determinado padrão de comportamento que se repete, percebe que um acontecimento do passado determina esse padrão. Por exemplo, você pode ter resolvido, em função de uma rejeição ou traição, que nunca mais confiaria em ninguém, não reivindicaria mais nada, ficaria sempre em guarda ou nunca abriria mão do controle. É o passado atuando no seu presente.

Pode ser que você tenha orientado sua vida no sentido de evitar a reprodução daquela situação antiga que a traumatizou. Agora é importante compreender o que foi evitado e verificar em que medida a sua reação atual lhe traz benefícios. É bom para você não confiar em ninguém, por exemplo? Ou você já aprendeu o suficiente para saber em quem pode e em quem não pode confiar? Ou hoje sabe quais as precauções necessárias? Vale a pena manter esses velhos padrões? Ou é melhor ter coragem para superá-los?

Fique bem atenta, porque o processo pode esbarrar em

resistências. Nossos velhos padrões lutam para permanecer, impedindo-nos de sermos donas de nosso próprio destino.

Depois de "Por quê?" e "O quê?", pergunte-se: "Como?". Como estou recriando e revivendo o passado? Quais são as experiências atuais influenciadas pelo passado? Rever as motivações para mudar quase sempre exige encarar circunstâncias dolorosas. **Você só mudará quando a dor de permanecer com os antigos padrões for maior do que a dor da mudança.** Só então você começará a jornada para o autoconhecimento e a transformação.

Meu padrão de comportamento mais forte foi evitar a vulnerabilidade. (Revelar a vulnerabilidade é um dos doze comportamentos corajosos que serão examinados no próximo capítulo.) Várias vezes, eu me prometi: "De agora em diante, nunca mostrarei minha fraqueza, nunca dependerei de ninguém, nunca deixarei de ter alternativas, nunca serei pobre, nunca pedirei ajuda."

Quando me mudei para outro estado e me vi inesperadamente abandonada pelo homem com quem me casaria, eu me senti especialmente vulnerável. Para começar a trabalhar e fazer amigos, precisei pedir ajuda. Surpreendi-me quando vi as pessoas dispostas a me ajudar. Sobretudo porque, para mim, sempre foi mais fácil dar do que receber. Descobri como precisava das pessoas na minha vida e como elas estavam dispostas a me estender a mão. Nesse momento me dei conta do quanto o padrão de comportamento que adotara para evitar a vulnerabilidade – "nunca confie em ninguém, nunca se entregue aos outros, mantenha uma distância das pessoas" – tinha me prejudicado no correr da vida.

Eu ainda choro por minha coragem perdida quando me lembro da força desses padrões que me impediram durante tantos anos de viver plenamente e realizar meu desejo de ter uma família e amigos íntimos. Percebo que esses padrões ainda estão fortemente presentes na minha vida. Lembrar-me da minha dor ainda é difícil, apesar de eu ter trabalhado e continuar trabalhando para me libertar dos padrões de comportamento que me prendem ao passado.

MUDANDO SEUS HÁBITOS

Existem momentos em que você se sente presa numa armadilha e parece que não existem alternativas de saída. Mas, à medida que se observa com mais cuidado e descobre como seus atos cotidianos foram e são corajosos, você começa a desenvolver uma aguda consciência das suas opções e terá forças para escolher uma das alternativas. Assim, começará a formar novos e importantes hábitos que irão dar nova configuração à sua vida.

Segundo Stephen Covey, autor do livro *Os Sete Hábitos das Pessoas Altamente Eficazes*, o processo que nos leva a desenvolver novos hábitos envolve três componentes: conhecimento, desejo e habilidades. O conhecimento aumenta a consciência dos nossos mecanismos e comportamentos, dando-nos a capacidade para redesenharmos novos hábitos e habilidades. Ele nos possibilita investir mais na coragem, reforçando novos hábitos em nossa psique.

O desejo mantém a coragem no seu devido lugar. Ante circunstâncias especiais, muitas mulheres experimentaram momentos passageiros de força, fé e convicção. Contudo, antigos medos ou a lembrança de vozes autoritárias logo as paralisaram, fazendo-as esquecer de buscar o direito de ouvir sua voz corajosa. Passado aquele momento especial, elas voltaram à sua velha maneira de olhar o mundo e agir. No entanto, a possibilidade de expressar a coragem não se perdeu, apenas foi temporariamente esquecida. A reserva de coragem está sempre à nossa disposição, basta lembrar disso e apelar para ela. O simples fato de buscar conscientemente a coragem faz crescer nossa auto-estima.

O oitavo capítulo deste livro descreve os doze comportamentos de coragem e conta as histórias reais de mulheres que conseguiram alcançar o comportamento descrito no impulso inicial (ver pág. 81.) As histórias descrevem como as mulheres contemporâneas usam a coragem para transformar suas vidas. São histórias que nos inspiram a atuar corajosamente. Essas mulheres corajosas enfrentaram o desconhecido, criaram mudanças, desafiaram o abuso, abraçaram a fé, não se deixaram intimidar pelo medo de falhar, abandonaram relações infelizes e escolheram seus próprios caminhos.

TERCEIRA PARTE

Transformação

SUA VIDA NUM CAMINHO POSITIVO

Admiro a coragem das mulheres que entrevistei durante os anos que levei para escrever este livro. Choramos juntas, enquanto elas compartilhavam comigo suas histórias de luta, conflitos, alegria e satisfação. Em quase todos os casos, essas mulheres enfrentaram dilemas e superaram obstáculos que pareciam intransponíveis, buscando suas reservas internas de coragem, e assim puderam transformar suas vidas. Essas histórias mostram técnicas de integração de coragem a qualquer situação que as mulheres enfrentam diante dos contratempos da vida.

Eu também comecei a refletir sobre os momentos da minha vida em que precisei enfrentar situações que me pediam que usasse a coragem para fazer as mudanças necessárias. As escolhas que fiz trouxeram-me para o lugar onde estou agora. Percebi que minhas escolhas afetaram não só a mim como ao mundo à minha volta.

Cada mulher traz em si um pouco da Dorothy de *O Mágico de Oz*. Mesmo que a vida seja muito dura, sempre temos a possibilidade de fazer escolhas conscientes que nos levem na direção que desejamos. **A oportunidade de escolha está sempre presente, e encontrar a coragem para fazer uma boa escolha vem de uma força superior,** quando você quer realmente mudar sua vida para melhor.

A frustração é uma ameaça permanente. Para defender-se dela as mulheres usam várias máscaras e muitas vezes acabam confundindo seu verdadeiro eu com a máscara que estão usando. **É preciso deixar bem claro que só o nosso verdadeiro eu é capaz de fazer as escolhas que nos beneficiam.** Se não tomarmos cuidado, nossas escolhas correrão o risco de apoiar-se em pressupostos falsos. Por exemplo, você pode se convencer de que não é competente. As escolhas que fizer com base neste pressuposto serão necessariamente empobrecedoras e dificilmente contribuirão para seu crescimento. É importante ter consciência das máscaras e a intenção clara e profunda de livrar-se delas.

Este livro foi escrito para encorajar as mulheres a fazerem suas escolhas mais verdadeiras. Para ajudá-las a dispersar as falsas limitações e redesenhar, a partir das novas percepções, uma vida diferente. As mulheres confiantes têm este poder. O poeta romano Ovídio dizia: **"A coragem conquista todas as coisas."** Compreendendo esta simples verdade, você terá a chave para realizar sua transformação.

CAPÍTULO OITO

Comportamentos corajosos

Você ganha força, coragem e confiança através de cada experiência quando pára e olha o medo de frente...
Você deve fazer aquilo que acha que não pode.

Eleanor Roosevelt

A AÇÃO, PASSO A PASSO

As mulheres corajosas descritas nas páginas seguintes compartilharam generosamente as sofridas histórias e ajustes que precisaram fazer em suas vidas. Elas revelaram técnicas para acessar suas reservas de coragem e construir uma vida mais plena. Espero que sejam uma inspiração para você, assim como foram para mim.

Não é fácil mudar. O simples fato de mencionar a palavra mudança provoca imediatamente uma reação, porque, em nossa fantasia, a mudança está muitas vezes associada a um salto no escuro que exige enorme esforço. Mas a fantasia cria fantasmas desnecessários. A mudança pode ocorrer gradativamente, com passos proporcionais às nossas possibilidades.

Trabalhar para mudar nossa consciência é uma tarefa árdua. Sempre questionei o programa educacional contra as drogas usado na escola elementar: "Diga não." Esta campanha não surtiu efeito, porque o simples fato de dizer "não" era insuficiente para afastar os adolescentes das drogas. Da mesma forma, é impossível produzir alguma mudança nas mulheres apenas dizendo "Use a coragem!". É preciso um investimento e um esforço maior.

A CORAGEM VEM DE DENTRO

A coragem se manifesta de muitas formas, embora as mulheres não a percebam facilmente em si mesmas. Por quê? **Talvez porque tenham sido condicionadas a considerar natural enfrentar os desafios cotidianos. Talvez porque não vejam suas múltiplas tarefas e responsabilidades como desafios.** As mulheres são esposas e amantes, cuidam da casa, têm e criam seus filhos, muitas trabalham fora, e ainda acham tempo para participar de atividades comunitárias. Embora exercidas naturalmente, todas essas funções são extraordinárias e exigem uma coragem que é parte integral da vida de todas as mulheres.

As mulheres entrevistadas neste livro usaram a coragem tanto em sua vida diária quanto para enfrentar riscos mais sérios. Muitas vezes sua coragem manifestou qualidades heróicas que demonstraram força e determinação. Ao adotar os comportamentos de coragem, elas foram capazes de, sozinhas, defender seus valores.

IMPULSO INICIAL

Comportamentos corajosos

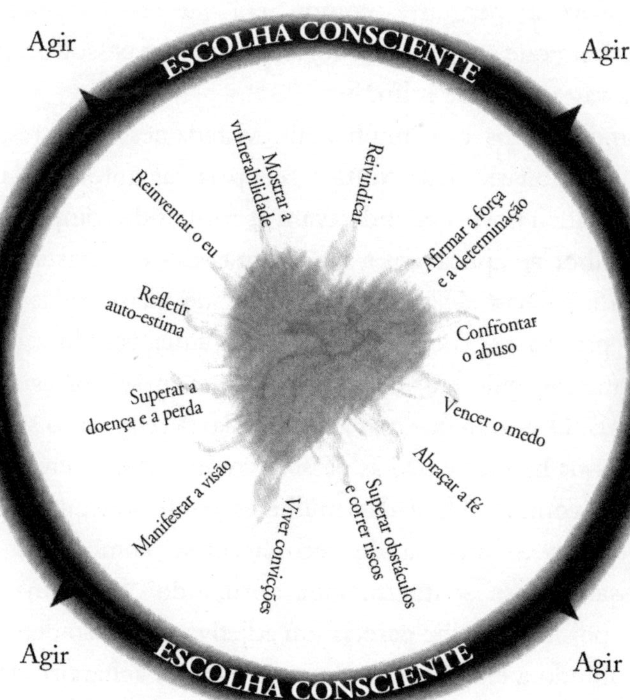

AFIRMANDO A FORÇA E A DETERMINAÇÃO

As pessoas cautelosas, sempre desejosas de preservar
sua reputação, jamais poderão realizar uma mudança.
Susan B. Anthony

OLHANDO PARA SI MESMA

Quando você falha, ao enfrentar um desafio, sua insegurança pode provocar perguntas como: Será que sou bastante inteligente? Será que sou bastante forte? Serei uma pessoa preparada? O que vão pensar de mim?

Como já vimos, cada mulher entrevistada neste livro respondeu a um questionário. Das trinta e seis palavras apresentadas, cada uma escolheu nove, que indicavam as formas de comportamento que melhor se aplicavam a ela. Muitas das entrevistadas escolheram a palavra *determinação*. Apesar de quase todas acharem que é preciso ser forte para enfrentar situações difíceis, várias comentaram que era mais fácil sentirem-se fortes do que corajosas. Disseram que, para elas, a palavra *coragem* só se aplica a uma pessoa heróica e não às pessoas comuns que vivem uma vida também comum. Uma das mulheres confessou que sua baixa auto-estima a impedia de reconhecer-se como uma pessoa corajosa. Ela se sentia melhor afirmando "Sou uma pessoa forte", pois *corajosa* lhe parecia um adjetivo poderoso demais para ser atribuído a ela! Apenas poucas mulheres acharam mais fácil dizer que eram persistentes, sem se darem conta de que tenacidade e persistência são componentes da coragem.

Rebeca achava que sua irmã mais velha era a mais corajosa da família, porque enfrentava a vida com força e determinação. Quando desafiada, sua irmã reagia e defendia seu espaço. Rebeca se considerava fraca e influenciável.

Rebeca descobriu sua própria coragem perto dos quarenta e cinco anos, mas foi preciso que as pessoas a elogiassem por ter resistido a um terrível e humilhante divórcio e depois reconstruído sua vida. Agora, aos cinqüenta anos, ela entende por que suas ações foram consideradas corajosas. "Eu não chamava de coragem, mas me perguntava de onde vinha a força para enfrentar tudo aquilo", disse ela.

O que, para Rebeca, exigiu coragem foi ter que, honestamente, se perguntar: Qual é a minha força e qual é a minha fraqueza? O que preciso mudar e o que preciso fazer para mudar? "Houve momentos em que fiquei tentada a ignorar o que estava acontecendo e esconder os problemas em qualquer lugar."

No questionário, Rebeca circundou a palavra *corajosa* como uma das nove que a descreviam. "Para mim, coragem é a luz na escuridão, é a jornada do desamparo para a alegria. Coragem é ouvir o seu coração, é confiar na sua capacidade de recuperação, e não ter medo de recomeçar." As percepções de Rebeca trouxeram-lhe à memória uma frase da Bíblia: "Seja forte, tenha a boa coragem e aja. Não tenha medo ou desânimo, porque o Senhor Deus, o meu Deus, está contigo. Ele não te falhará nem te abandonará."

Karen: Afirmando a força e a determinação

Seguindo em frente

Quando Karen respondeu ao questionário, escolheu palavras fortes para se descrever: *audaciosa, determinada, ativa* e *destemida.* Ela respondeu a minhas perguntas com frases nítidas e claras. Sua atitude determinada e sua mesa de trabalho revelavam uma mulher de múltiplas atividades e sempre pronta a arranjar tempo para mais um projeto. Para Karen, estas responsabilidades eram fáceis. "Nada foi tão difícil como quase perder meu marido de câncer", ela contou. "Foi preciso buscar minha coragem interior para sobreviver durante aquele tempo doloroso."

Aos trinta e cinco anos, o marido de Karen foi diagnosticado como portador de um câncer no pulmão. Ela enfrentou todas as dúvidas e medos que surgem nessas horas: Será que ele vai morrer? Será que vou ficar sozinha, tendo que educar nossos filhos? Como é que vou cuidar do meu marido doente e ainda trabalhar o dia inteiro, e, às vezes, viajar a negócios?.

Karen se comprometeu a fazer o necessário para salvar o futuro da sua família. Embora seu salário fosse indispensável à estabilidade financeira de todos, ela pediu três semanas de licença para poder levar e buscar seu marido no hospital e ajudá-lo nas primeiras semanas.

O pulmão direito foi retirado, ele submeteu-se a quimioterapia e radioterapia e por sete vezes precisou retornar ao hospital. Karen sentia que a única opção era manter sua família unida e ir resolvendo as coisas dia a dia. "Eu me perguntava: de que tipo de coragem vou precisar ter hoje?" A única opção que descartou foi entregar os pontos.

Karen colocou seus filhos num grupo de apoio para parentes das vítimas de câncer e informou aos professores da escola o que estava acontecendo. Voltou a trabalhar todos os dias, e depois do trabalho ajudava seu marido a superar a variedade de novos medos que foram surgindo. Karen disse: "Eu o encorajava a caminhar, nadar e fazer exercícios."

Telefonei para Karen no verão seguinte à nossa primeira entrevista. Ela me disse que o câncer do seu marido já estava diminuindo, mas que, apesar de ele estar melhor, não tinha sido um ano fácil. Em fevereiro, Karen soube que seu pai tinha um câncer incurável. Consciente de que ele não teria muito tempo de vida, Karen ia e vinha, atravessando grandes distâncias, para poder dar a seu pai o apoio emocional de que ele precisava.

Karen se sentia extremamente pressionada ao tentar conciliar seu trabalho como gerente de vendas de uma companhia internacional, fazer a tese para a sua graduação e atender o marido e os dois filhos, além de apoiar o pai. Ela relembra: "Meu pai desejava morrer em casa. Foi muito difícil, mas finalmente conseguimos, alugando uma cama de hospital e contando com um atendimento particular. Ele morreu cercado pela família. Senti muito a sua falta."

Admiro a coragem que Karen teve para enfrentar a doença do pai e do marido, mantendo o equilíbrio em sua família. Seu segredo foi planejar cada tarefa, realizando-as aos poucos, cada uma na sua hora, dia a dia. **"Acredito que a coragem é a capacidade de fazer o que deve ser feito, apesar das circunstâncias difíceis."**

O marido de Karen acaba de completar o nono ano livre do câncer. Ela sorri e, feliz, observa: "Foi uma renovação em nossa vida. Nós passamos a nos ver com mais amor, respeito e admiração."

Como Karen foi buscar sua reserva de coragem para afirmar sua força e determinação

- Faça o melhor possível – ninguém espera perfeição.
- Seja moralmente correta em todas as suas ações.
- Nunca acredite que a situação é impossível.
- Dê um passo de cada vez. Quando você se imobiliza, perde as oportunidades para usar a coragem.
- Pergunte-se, a cada dia, o que precisa ser feito.
- Faça um plano, decida o que é prioritário e vá cumprindo as tarefas.
- Avalie os recursos que estão à sua disposição e utilize-os.
- Alimente o relacionamento com parentes e amigos que a apóiam e, sempre que possível, arranje alguém para ajudar a tomar conta dos seus filhos.

- Separe um tempo para refletir. Olhe para dentro de si mesma e entre em contato com a sua coragem.
- Acredite que é possível fazer o que é necessário sem sucumbir.
- Avalie-se continuamente. Pergunte-se: Será que estou fazendo a coisa certa? Será que estou no caminho certo? As respostas afirmativas fortalecem sua resolução.
- Leia livros inspiradores, que possam ser uma ajuda e um estímulo.

A coragem faz parte da natureza mais profunda de Karen. Foi a coragem que lhe deu forças para lidar com a doença do marido e a determinação para seguir em frente. Karen acha que o fato de identificar suas ações como corajosas ajudou-a a descobrir a reserva de coragem que existe em seu interior. Descobriu também que, quanto mais enfrenta corajosamente os desafios, mais sua coragem se expande. "**Se você acredita que é corajosa, agirá corajosamente.** As mulheres não devem permitir que a coragem seja considerada um atributo unicamente masculino. Porque nos momentos das grandes crises são elas que, em última instância, tomam as decisões mais difíceis e dão apoio a todos."

CONFRONTANDO-SE COM O ABUSO

Existem muitas maneiras de partir um coração. A história está cheia de corações partidos pelo amor, mas o que realmente parte o coração é acabar com o sonho de alguém – qualquer que seja ele.
Pearl S. Buck

Abuso sexual

O abuso parte o coração porque rouba os sonhos. De um modo geral, as mulheres que sofreram abuso desenvolvem um mecanismo que bloqueia e distorce a verdade. Entretanto, muitas das que foram entrevistadas apelaram para a coragem e ultrapassaram as marcas deixadas pelo abuso.

Na época medieval, a lei dava ao marido o direito de bater em sua mulher. Embora a lei não exista mais, a violência contra as mulheres continua sendo exercida e, de certa forma, tolerada até pelas próprias mulheres vítimas de abuso.

Caroline Myss afirma, em seu livro *Anatomia do Espírito*: "O estupro e o incesto são motivados pelo desejo de mutilar a capacidade que uma pessoa tem de ser independente e escapar do controle de outra. Na maioria das vezes, as pessoas que sofrem abuso são acusadas de provocá-lo. Elas sofrem uma espécie de estupro no poder pessoal de que necessitam para que sejam saudáveis e bem-sucedidas."

Muitas mulheres preferem subestimar esses fatos. Se você é uma delas, provavelmente tem uma imagem distorcida de si mesma e se perdeu do seu verdadeiro ser.

O fato de alguém exercer poder sobre você tem um impacto extremamente negativo no seu desenvolvimento. As mulheres são estimuladas a parecer, vestir-se e comportar-se de uma forma sensual. No entanto, quando uma mulher é estuprada, logo a acusam de ser sensual demais. As mulheres ficam sem saída. O estupro não é um ato puramente sexual. É um abuso de poder no qual a mulher se transforma na vítima de um homem obcecado pela própria impotência. Estupradores usam a agressão física e a intimidação para aliviar seus sentimentos de inferioridade.

Jan: Insurgindo-se contra o abuso

Da humilhação ao orgulho

Quando era pequena, Jan não parecia uma criança corajosa. Apesar de bonita, era tímida e pouco sociável. Esperou até se tornar adulta para reivindicar sua coragem.

Educada no catolicismo e casada aos dezoito anos, Jan acreditava no caráter sagrado dos votos feitos no casamento. Ela não imaginava a possibilidade de abuso até um ano depois de casada. Jan conta: "Antes do nascimento de Aaron, eu conseguia satisfazer meu marido sexualmente. Mas depois que me tornei mãe, meu marido ameaçava estuprar-me sempre que eu recusava seus avanços sexuais."

Uma vez, logo depois do nascimento do seu terceiro filho, o abuso sexual foi tão agressivo, que ela mal podia andar. As contusões e inchações eram tão fortes, que foi preciso procurar um médico e, assim, revelar o abuso sofrido.

"Lembro-me de estar sentada na sala de espera do consultório, com compressas de gelo entre as pernas", ela contou. "Foi preciso usar as compressas de gelo durante três dias, com o analgésico prescrito pelo médico. Abdiquei da minha auto-estima no casamento." Quando o médico perguntou o que tinha acontecido, Jan não conseguia responder. Foi nesse momento que se deu a virada. Ela jurou a si mesma que nunca mais sofreria abuso – e assim terminou o estupro conjugal.

Dois meses e meio depois desse incidente que resultou numa mudança de vida, Jan deixou o marido para começar uma vida nova com seus filhos. Ela agüentara oito anos de abuso. “Eu não podia mais viver daquele jeito. Sabia que era melhor ficar sozinha para o resto da vida.”

Jan não queria que seus filhos fossem criados num lar sem amor. Não queria que eles crescessem achando que as mulheres deveriam ser tratadas como seu marido a tratava, nem que a filha se casasse com um homem que abusasse dela. “Meus filhos viam a mãe ser tratada de uma forma terrível pelo pai. Não havia um modelo positivo de casamento. Precisei ser muito corajosa para tirar meus filhos do pai. Foi muito difícil!”, disse Jan. Ela alugou um caminhão e atravessou o país, mudando-se para um lugar onde não tinha amigos nem família. Mas não se arrependeu: “No momento em que encontrei força e coragem para começar uma nova vida, não permiti que mais ninguém me tirasse o que tinha conquistado. Eu sempre tinha sido a mulher ou a mãe de alguém, nunca eu mesma, e aquela era uma experiência nova para mim. Assustadora, mas fascinante. Eu repetia para mim mesma ‘vou conseguir’, e isso me dava ânimo.” O medo de ficar sozinha desapareceu na sua nova vida. Ela encontrou alegria, e com a confiança veio a paz de espírito. Encontrar um novo parceiro não era uma prioridade. Sua independência recém-descoberta sobrepujou seus medos. “**Quando você tem medo de fazer qualquer coisa, é preciso olhar profundamente para dentro de si mesma para saber o que quer, o que lhe faz bem, mesmo que os outros discordem.** Se você tem coragem de abandonar uma pessoa que abusa de você, a recompensa vale a pena. Soube que tinha feito a coisa certa quando meu filho me disse: ‘Mamãe, no começo fiquei infeliz quando você deixou papai, mas agora acho que estamos muito melhor sem ele.’”

Jan acredita que todas as pessoas têm o poder de fazer as escolhas certas quando se defrontam com uma crise – desde a falta de gasolina no carro até o divórcio e o abuso físico. Ela afirma: "Em algum momento, a mulher dirá para si mesma: 'Chega, eu tenho escolha! Posso me dobrar e agüentar o abuso, mas posso também me insurgir e dar a volta por cima.' Eu escolhi me insurgir, e só assim encontrei a felicidade."

No final da entrevista, Jan admitiu que foi preciso muita coragem para voltar a se casar. Precisou aceitar sua vulnerabilidade e contar com sua reserva de coragem para assumir um novo compromisso. Hoje ela se dá conta do abuso que cometia contra si mesma ao se deixar abusar. Respeitando-se e valorizando-se, Jan foi capaz de encontrar um homem que a respeita e valoriza.

Educada na crença de que não se deixa um marido nem se desmancha uma família, ela sabia que, ao separar-se do marido, estaria falhando aos olhos da sua família e dos seus amigos. "É incrível o número de razões que encontramos para nos mantermos numa situação terrível de abuso físico ou emocional. Eu racionalizava, dizendo a mim mesma que meu marido iria mudar, que aquela situação não iria durar para sempre, que meus filhos não podiam ser criados sem pai. Argumentos contra mim mesma e contra a dignidade que agora resgatei."

A história de Jan mostra que a maneira como você se vê determina a qualidade da sua vida. Tudo é afetado: o trabalho, as relações e o crescimento espiritual. Você atrai relacionamentos que refletem e reforçam sua auto-imagem. Para tomar posse do seu próprio valor e dignidade é preciso se dar conta, o mais cedo possível, de que um agressor só existe porque alguém se deixa agredir. É preciso tratar das memórias dolorosas, não se livrando delas, mas sabendo que são ocasiões de aprendizado e crescimento. Você tem duas alternativas: remoer as experiências de abuso e humilhação para sentir-se uma vítima ou descobrir o que pode aprender com elas para não deixar que se repitam e para fortalecer a sua coragem. Quando você encara de frente sua história emocional, o processo de cura se inicia. Na maioria, as mulheres que sofrem abuso têm, interiormente, a intuição de que não devem aceitar a violência a que estão sendo submetidas. Se a mulher tiver a coragem de seguir esta intuição, vai poder contar com sua força pessoal.

Quando Jan teve a coragem de deixar de lado todo um sistema de crenças para aceitar o desconhecido, as crenças de sua família não importavam mais. Hoje, aos trinta e cinco anos, Jan é uma mãe que trabalha, vive um segundo casamento bem-sucedido e usufrui, a cada dia, a coragem resgatada de dentro de si.

É nas situações difíceis que a mulher descobre o nível de sua força interior e determina como usará a coragem que sai do seu coração. Jan conclui: "Por mais terrível que tenha sido a experiência vivida com meu primeiro marido, ela serviu para eu descobrir essa força interior que faz de mim uma pessoa confiante. Tenho a sensação de que posso fazer qualquer coisa e ser o que quiser! Quer melhor exemplo para os meus filhos?"

Como Jan usa sua reserva de coragem no confronto com o abuso

- Exija ser tratada com respeito.
- Aprenda a usar a coragem observando as pessoas corajosas.
- Pense positivamente sobre suas qualidades. Seja otimista.
- Construa sua auto-estima desapegando-se de seus antigos padrões e sentimentos negativos.
- Seja independente. Saiba que você pode cuidar de si mesma.
- Acredite que você tem escolhas.
- Mantenha o controle sobre sua vida.
- Procure de todas as maneiras viver em paz.

Jan acredita que a auto-estima é a chave para encontrar a coragem. "Quando tem auto-estima, você reage instintivamente contra qualquer agressão e consegue se levantar quando cai." Ela sente que, se você acredita profundamente no seu próprio valor, você encontra a coragem para enfrentar seja o que for. "O maior benefício que a coragem me trouxe foi a conquista da minha independência. Gosto muito do meu atual marido, mas faço questão de controlar a minha vida e de fazer minhas escolhas, em vez de ficar procurando corresponder às expectativas dos outros. O meu maior objetivo é ser feliz, o que me leva a ser uma melhor esposa e mãe, e sobretudo uma pessoa melhor."

VENCENDO O MEDO

A verdadeira coragem está em saber, mesmo antes de começar, que as coisas não serão fáceis. Mas você começa assim mesmo, enfrentando tudo, não importa o quê.
Harper Lee

VOCÊ ESTÁ VIVENDO NA SOMBRA DAS OPORTUNIDADES PERDIDAS?

Para não viver na sombra das oportunidades perdidas, você precisa vencer o medo. Até conseguir entender seus medos, você será incapaz de avaliar suas forças e fraquezas. O medo decorre de uma visão distorcida de você mesma e das suas capacidades. No processo do autoconhecimento necessário para que você mude a visão que tem de si mesma, precisa se fazer algumas perguntas incômodas: Tenho medo de que os outros pensem que sou incompetente? Aquilo que temo pode acontecer? Será que a visão que tenho da situação é realista?.

Em seu livro *Virtudes do Medo*, Gavin de Becker afirma que temos medo daquilo que pode acontecer. Becker explica: "Quando realmente acontece o que tememos, paramos de ter medo e passamos a reagir e a administrar o que aconteceu. Ou então passamos a temer o próximo acontecimento que imaginamos que possa vir."

"Quando você consegue superar o medo, passa a ver as coisas numa perspectiva diferente." Gavin de Becker continua: "Enfrentar o desconhecido é como sentar-se de costas para o calor e a segurança de uma fogueira. Os caubóis sempre souberam que estariam a salvo sentando-se de costas para o fogo. Porque, se olhassem fixamente para ele, poderiam ficar cegos e não ver os perigos escondidos na escuridão. Mas se você olhar para a frente, com as chamas por trás, verá o perigo se aproximando e poderá agir adequadamente. **Quando você vence o medo, aprende que é mais importante encarar o desconhecido do que sacrificar sua coragem.** Sacrificar a coragem leva a pessoa a duvidar de si mesma e algumas vezes até a se autodepreciar. Se você encarar seus medos de frente, será capaz de livrar-se deles. E poderá aproveitar as oportunidades que lhe são oferecidas e viver sem arrependimentos."

BONNIE: VENCENDO O MEDO

Lidando com o desconforto

Existem três formas de medo. O menor surge quando você vai ao dentista ou vê, pelo espelho retrovisor, um carro de polícia se aproximando. O segundo está ligado à rejeição ou à possibilidade de ser vista como uma fracassada. Este tipo de medo faz com que você se sinta abandonada e diga para si mesma: "Não sou bastante bonita, inteligente e bem-sucedida." Esses medos podem se transformar em doenças que corroem o mais profundo sentido da vida. O terceiro tipo de medo é o maior de todos. Ele convence você de que jamais será verdadeiramente amada.

O medo de jamais ser amada começou com a morte do pai, quando Bonnie tinha nove anos. Essa perda devastadora fez com que ela se sentisse sozinha e carregasse, desde então, o medo do abandono.

Caçula de duas irmãs, Bonnie associa sua coragem ao medo. Com a morte do marido, a mãe de Bonnie, aos trinta e oito anos, se viu obrigada a assumir o sustento da família e, pela primeira vez, precisou trabalhar. Dona da chave da casa, Bonnie foi forçada a ser independente. Ela se via comendo sozinha em restaurantes, enquanto as outras crianças iam para casa almoçar. Tinha medo de não ser igual a elas. Bonnie diz: "Tinha medo de entrar numa sala e de não ter nenhuma cadeira disponível para mim. Sentia-me muito insegura, inibida, e pensava que jamais conseguiria ser uma pessoa normal, como as outras. Sentia-me separada das outras crianças."

Para superar o medo de não ser aceita, Bonnie usou vários recursos. Um deles foi imitar as atitudes de artistas de cinema, como Audrey Hepburn, que ela considerava uma mulher elegante e independente. Ao sentir-se insegura, ela imaginava uma cena de filme e tentava agir como uma estrela confiante. Esta pretensa coragem foi fazendo com que Bonnie se sentisse mais forte e menos assustada com sua solidão. A mudança interior lhe deu mais segurança para atrair amigos que lhe davam o amor que ela procurava.

Hoje, aos cinqüenta e seis anos, Bonnie parece confiante e corajosa. "Quando pronunciamos a palavra *coragem*, logo vem à nossa mente a imagem de uma pessoa muito ousada, correndo enormes riscos. Mas eu acho que o simples fato de vencer o medo é um grande ato de coragem. Acho que, se não houvesse o medo, não existiria o que se chama coragem. **Coragem para mim é a capacidade de contar consigo mesma e ser autêntica.**" Bonnie também acha que a coragem consiste em nos livrarmos dos medos passados para podermos prosseguir pela vida sem ficarmos atrelados ao passado ou paralisados pelo medo do futuro. É viver o presente da melhor forma possível, beneficiando-nos do que aprendemos no passado e planejando o futuro. Ela continua: "Não acho que exista uma medida de coragem, porque cada caso é pessoal e diferente do outro. É preciso encarar o que nos causa sofrimento e desconforto para ultrapassá-lo e seguir em frente."

Apesar de ter sido reprovada em gramática quando estava na escola, Bonnie foi suficientemente corajosa para escrever em co-autoria um livro intitulado *How to Get a Man to Make a Commitment* (Como fazer um homem comprometer-se). Usando o livro como guia, Bonnie faz seminários onde ensina como marcar encontros e se relacionar. Ela ensina as pessoas a buscarem o amor. Diz Bonnie: "É preciso ter coragem, pois uso meus próprios erros para ensinar como exemplos. Digo toda a verdade sobre as minhas experiências mais desagradáveis."

Bonnie sabia que sua história causaria uma rejeição inicial. Quando ela contava a verdade sobre sua vida, os participantes de seus seminários achavam que ela se expunha demais. Uma mulher disse que as histórias a perturbavam, pois ela se identificava com muitas delas. Bonnie percebeu que as pessoas relutavam em reconhecer seus próprios medos e isso a motivava mais para ajudá-las.

Quando a convidaram para comandar um programa de entrevistas no rádio, ela ficou morta de medo. Não tinha prática, nem sabia produzir um programa de rádio de duas horas. Apesar disso, disse "sim" ao produtor do programa. Sentiu que assim atingiria mais pessoas num debate sobre medo, rejeição e falta de amor.

Bonnie nos contou: "Durante toda a vida me aterrorizei diante de novas experiências. Entretanto, sei como é importante aceitar uma nova oportunidade. E sei também que nada vai bater à minha porta se eu não fizer um primeiro movimento. Sempre digo a mim mesma: 'Qual é a pior coisa que pode me acontecer?' Ao fazer esta pergunta, consigo tirar o poder do medo."

Bonnie continua falando sobre medo e coragem. Ela acredita que a única forma de ser corajosa é olhar o medo de frente para superá-lo. Ela foi vencendo os medos e a timidez da sua infância, enquanto lutava para conseguir o que todos nós queremos: receber amor e aceitação pelo que realmente somos.

Como Bonnie encontrou sua reserva de coragem para vencer o medo

- Pergunte a si mesma: qual é a pior coisa que pode acontecer?
- Verbalize seu medo.
- Convide outras pessoas para superar seus medos falando sobre seus próprios medos aos seus amigos.
- Cultive a introspecção.
- Convença-se de que é preciso agir.
- Observe como os outros encaram seus medos.
- Ouça conselhos e informações dos outros sem ficar na defensiva.
- Procure as pessoas capazes de encorajar.

Compartilhando sua história, Bonnie aprendeu a se abrir para as próprias fraquezas e vulnerabilidades. Ao fazer isso, ela não só enfrenta seus medos e segue em frente como se torna amiga daqueles a quem confia seus mais profundos sentimentos. Abençoada com um fantástico senso de humor e com a capacidade de rir de si mesma, Bonnie usa a coragem para ajudar os outros. Ela acredita que, **sem o medo, a coragem não passa de uma sombra.** "A coragem é a minha estrada. Minha coragem me impulsiona, fazendo-me rejeitar qualquer desconforto e agir para que alguma coisa mude."

ABRAÇANDO A FÉ

A coragem espiritual cresce através da vontade de estar sempre lembrando, sempre buscando o sagrado que existe não só nas coisas aparentemente cotidianas como nos aspectos mais terríveis da vida.
Joan Borysenko

UM PODER MAIOR DO QUE NÓS

Para muitas mulheres, a principal origem da coragem está na fé num poder maior do que nós.

Não foi surpresa para mim constatar que a maioria das mulheres que entrevistei sentia que a coragem estava sempre ligada a uma crença no poder divino. Embora a fé não estivesse vinculada a nenhuma religião em particular, muitas expressaram sua crença em Deus como "um poder maior do que nós mesmas".

As mulheres que têm fé vêem a presença de Deus na sua coragem e sabedoria. A vida não se limita ao que percebem no mundo físico. No seu interior elas experimentam a unidade com Deus, e esta união lhes dá força e coragem para enfrentar os desafios que se apresentam. Elas sabem que o amor e o poder de Deus estão à disposição de todos. Para algumas, a coragem vem da certeza de que são guiadas e protegidas divinamente.

EVA: ABRAÇANDO A FÉ

A glória de acreditar

Para Eva, coragem e amor dão-se as mãos. Ambos são parte da sua fé. Ela acredita que nasceu com coragem. Eva define a coragem como a possibilidade de superar as dificuldades fazendo alguma coisa fora do comum e, quando necessário, contar consigo mesma. Eva acredita que a cada pessoa foi dada uma dose de coragem. A diferença está no que se faz com ela.

Nascida em Berlim, desde pequena enfrentou pesadas responsabilidades. Seus pais eram contra o regime nazista, mas aos dez anos Eva foi obrigada a entrar para a juventude hitlerista. Ela conta: "Durante a guerra, não tive medo de morrer, nem achei que isso fosse acontecer. Sentia a proteção de Deus. Desde muito cedo meus pais cultivaram em mim a coragem. Eu tinha certeza de que minha coragem vinha de Deus – do seu amor."

Depois da guerra, Eva trabalhou como secretária e intérprete para as Forças Armadas Americanas, onde conheceu um soldado americano católico por quem se apaixonou. Os pais de Eva, que tinham educado a filha na igreja luterana, protestaram quando ela comunicou que ia se converter ao catolicismo. A família, os amigos, o pastor que cuidara de sua formação a rejeitaram.

Mas Eva achava que a sua conversão não iria trair sua fé, porque católicos e luteranos acreditavam no mesmo Deus. Ela diz: "Existe apenas um Deus criador, que é fonte de amor, sabedoria, força, coragem e justiça no mundo e dentro de mim. O que importa é reconhecê-lo e honrá-lo em todas as suas manifestações e agir de acordo com a nossa essência divina." Depois do seu casamento na Alemanha, Eva e o marido mudaram-se para o Havaí. "Meu marido me levou para a plantação da sua família, onde onze pessoas viviam numa casa minúscula. Achei que foi um gesto de confiança na minha coragem." Os recém-casados foram morar num anexo da casa. Eva precisou se ajustar ao novo país, a viver numa situação econômica difícil e também a suportar a hostilidade e o preconceito dos vizinhos. Felizmente sua sogra era uma mulher maravilhosa e corajosa. "Ela me apoiou com o maior afeto e reforçou minha fé para enfrentar o povo que me evitava. Repetia sempre que Deus conhecia meu coração e sabia quem eu era. Ela me aconselhou a expressar o que havia de melhor dentro de mim, sem me importar com a reação das pessoas. Isso fez com que, pouco a pouco, eu fosse aceita e respeitada na comunidade."

Mas a pior e mais dolorosa provação veio quando nasceu o primeiro filho do casal. Eva colocou seu rosário sobre a cabeceira da cama para protegê-la durante o trabalho de parto. Nasceu um menino, mas Eva percebeu que havia alguma coisa errada. O médico veio ao seu quarto no hospital e disse lhe: "Seu filho tem uma paralisia cerebral e esta coisa (apontando o rosário) não vai conseguir ajudá-la." O bebê, severamente paralisado, ficou no hospital para ser tratado. Eva se lembra: "Três semanas depois, quando fui buscá-lo, ele continuava no mesmo estado. Naquele momento questionei a existência de Deus. Foi muito difícil compreender por que aquilo tinha acontecido. Eu me perguntava se estava sendo punida e o que tinha feito para merecer aquilo."

Arrasada, Eva e seu marido deixaram o filho num hospital do estado, porque não havia nenhuma esperança de que ele pudesse se curar. O sofrimento era tanto, que Eva chegou a pensar em suicídio. Desesperadamente saudosa do seu país de origem e cansada de ser pobre, entrou em depressão.

Um dia, Eva foi procurada por um velho amigo da família de seu marido, um homem doce, afetuoso e extremamente sábio. Notando o estado em que ela se encontrava, chamou-a para conversar. E mostrou-lhe que ela tinha duas alternativas ante a experiência terrível que estava vivendo: crescer ou deixar-se destruir. Segurando as mãos de Eva e olhando no fundo de seus olhos, ele falou suavemente: "Essas crianças são dadas apenas às pessoas corajosas e especiais. Outras mães poderiam se entregar, morrer, ou até desaparecer com a criança. Tenha certeza de que, quando Deus nos dá esse tipo de provação, nos dá também os recursos para enfrentá-la. Você e seu marido podem sair fortalecidos dessa experiência. Reze e entre em contato com esse

Deus que está dentro de você." "Então", conta Eva, "voltei-me para dentro de mim e Deus começou a falar comigo. Senti uma força maior e lembrei-me de que na infância eu prometera fazer de minha vida um serviço ao próximo." Fui aos poucos sentindo que iria superar aquela situação e que, mesmo sem entender a razão do que acontecera conosco, um dia descobriríamos o sentido. Foi extremamente reconfortante entregar-me nas mãos de Deus e ter certeza de que Ele olharia por mim e me protegeria."

A transformação que se operou em Eva trouxe-lhe paz, ajudou seu marido e passou a ser um exemplo para os jovens da sua nova família. Hoje, Eva tem pendurado na parede de seu quarto o poema de Mary Stevenson, "Footprints in the Sand" (Pegadas na areia). Ela o lê quase todos os dias para reforçar sua fé.

Pegadas na areia

Uma noite sonhei que estava andando pela praia
com o Senhor.
Várias cenas da minha vida estavam sendo projetadas no céu.
Em cada uma, eu via pegadas na areia.
Às vezes eu via dois pares de pegadas.
Em outras, via apenas um par.
Fiquei intrigada, porque percebi que durante os períodos
Mais difíceis da minha vida
Quando eu mais sofria, cheia de mágoa e angústia,
Ou quando me sentia derrotada,
Via apenas um par de pegadas.
Então, eu disse ao Senhor: "Você me prometeu, Senhor,
Que, se eu O seguisse, estaria sempre ao meu lado.
Mas vejo que durante os períodos mais difíceis da minha vida
Havia apenas um par de pegadas na areia.

Por que, quando eu mais precisei,
Você não esteve comigo?" O Senhor respondeu:
"Os tempos em que você viu apenas um par de pegadas
foram aqueles em que eu te carreguei no colo."

Mary Stevenson (1922-1999)

Eva acrescentou: "Apesar de ter recuperado minha força e a coragem para enfrentar a situação, quero que as mulheres saibam que eu, como todas as pessoas, passo por altos e baixos. Mas, quando vejo que vou desanimar, lembro-me do único par de pegadas."

Agora, com sessenta e nove anos, Eva tem oito filhos, vinte e dois netos e nove bisnetos. Ela diz: "Coragem para mim, agora, é ajudar os outros a buscar Deus. Meu objetivo é encorajar os jovens a procurarem dentro de si mesmos seus próprios recursos de força e coragem. Acho que sou especialmente abençoada por Deus por ter certeza de que posso contar com Ele em qualquer circunstância da vida."

A verdadeira coragem se baseia nesse poder invisível. Nascemos para reconhecer a presença de Deus dentro de nós e expressá-la em gestos de amor. Ao permitirmos que a nossa luz brilhe, permitimos que os outros façam o mesmo.

Como Eva encontrou sua reserva de coragem para abraçar a fé

- Faça o que ama.
- Doe-se aos outros. A coragem cresce na ação.
- Não hesite diante de alguma coisa que deve ser feita.
- Crie metas.
- Tenha um sonho.

- Alimente a esperança.
- Acredite que Deus a ajudará.
- Siga suas convicções.
- Agradeça sempre tudo o que recebeu e recebe.
- Pense corajosamente. Cada passo corajoso faz com que o próximo seja mais fácil.
- Enfrente a situação.
- No final, siga sozinha, se for necessário.

Toda a coragem de Eva está ligada ao amor e à fé. Ela acredita que a graça do amor vem de Deus. Eva pode sempre se voltar para o Senhor e perguntar: "O que devo fazer?"

SUPERANDO OBSTÁCULOS E CORRENDO RISCOS

Riscos desafiadores impulsionam a vida,
ajudam a crescer, nos tornam mais corajosos e
melhores do que pensamos que somos.
Joan L. Curcio

VALE A PENA ARRISCAR-SE?

Rosa Parks teve a coragem de enfrentar a justiça. Essa mulher negra subiu num ônibus para ir para casa depois do trabalho, no dia 1º de dezembro de 1955, no estado do Alabama. Depois de sentar-se no setor destinado aos negros, o motorista pediu-lhe que cedesse seu lugar para um passageiro branco. Exausta depois de um dia de trabalho, Rosa disse "Não". Com esta única palavra, ela ajudou a lançar o movimento pelos direitos dos negros.

A coragem é necessária para desafiar as situações negativas do cotidiano. Às vezes essas situações nos parecem tão pequenas e triviais, que não nos damos conta da coragem que exigem. No entanto, à medida que um número maior de mulheres consegue coragem para mudar sua vida cotidiana, elas levam o mundo inteiro em direção à paz e ao bem.

Muitas mulheres não se dão conta de que já estão trabalhando por um planeta melhor. Talvez você já tenha escrito uma carta para um jornal de sua cidade condenando alguma lei ou protestando contra alguma medida do governo, talvez tenha tomado parte numa passeata contra a poluição ou participado de alguma campanha de arrecadação de fundos para uma causa pública. Atitudes como estas são corajosas, podem ser até arriscadas, e ajudam a transformar o mundo.

A coragem é uma energia vital que permite que você enfrente riscos para ultrapassar obstáculos. É sempre possível que os outros não concordem com seus atos. Você corre o risco de ser hostilizada, agredida, rejeitada. No entanto, assumir riscos pode ser estimulante e compensador. Faz parte do processo de crescimento e de evolução. Você só pode perseguir seus sonhos se estiver disposta a correr riscos.

Lila: Superando obstáculos e correndo riscos

Vencendo velhas barreiras

O primeiro ato de coragem de Lila foi livrar-se de seu problema com drogas e bebida. Aos trinta anos, estava quase perdendo tudo – seus filhos gêmeos de dois anos, seu casamento e sua estabilidade financeira.

Torturada pelo sentimento de culpa, sentia-se pior a cada recaída. Nas recaídas procurava uma velha amiga fiel para lhe dizer "Usei de novo". Sua amiga imediatamente vinha das montanhas para a cidade onde Lila morava trazendo uma flor e afirmando que ela poderia vencer o vício. Lila freqüentava as reuniões dos Alcoólicos Anônimos para ter o apoio de que precisava.

Certa vez, depois de mais uma recaída, Lila chamou sua amiga. Quando esta chegou, Lila se surpreendeu, pois a amiga estava visivelmente zangada. Ela entrou decidida, atirou um ramo de rosas murchas em cima de Lila, deu-lhe um tapa no rosto e disse autoritariamente: "Sente-se!"

Pediu então que Lila escrevesse em quatro pedaços de papel as coisas mais importantes para ela. "Escrevi: casamento, filhos, família e parentes", Lila relembra. "Depois, minha amiga mandou que eu dobrasse os pedaços de papel em quatro e os colocasse no meio da mesa. Mandou que eu apanhasse um dos papéis, desdobrasse, lesse a palavra que estava nele e pensasse na forma como estava destruindo aquela coisa tão preciosa. Depois mandou-me cuspir nos papéis, rasgá-los em pedaços, jogá-los no chão e pisoteá-los."

Lila fez o que tinha sido ordenado com cada um dos pedaços de papel. De algum modo, à medida que destruía fisicamente cada papel que representava algo que amava, a verdade foi se concretizando dentro dela. Estava destruindo sua vida. Lila revela: "Não era uma brincadeira. Eu ia perder tudo. Ia morrer se não deixasse a droga e a bebida." Foi o começo de um processo de cura extraordinariamente difícil.

Naquele momento, Lila escolheu conscientemente abandonar sua dependência. Para isso foi preciso buscar continuamente a coragem que ficara perdida dentro dela. A amiga apoiou-a o tempo todo na luta renhida e cheia de avanços e recuos para livrar-se da dependência. Forçada a fazer uma escolha entre vida e morte, Lila compreendeu que não tinha alternativa se de fato quisesse conservar o que era mais importante para ela.

Recentemente Lila comemorou vinte anos de sobriedade.

Agora, com quarenta e dois anos, ela tem sua própria empresa, continua casada e feliz com os filhos gêmeos.

Na terapia, Lila se deu conta de que, na origem de sua dependência química, havia uma enorme insegurança afetiva que a fazia desvalorizar-se para responder sempre aos desejos e expectativas dos outros. "Hoje prefiro ser detestada pelo que sou a ser amada pelo que não sou. Finalmente parei de lutar e me esforçar para corresponder às exigências externas. Estou começando a tomar consciência e aceitar minhas características únicas, e as dos outros. Isso me leva, por exemplo, a discordar muitas vezes de alguém, mas também a ouvir suas razões, sabendo que as pessoas podem me ajudar a ver as coisas sob outra perspectiva. Resumindo, não tenho mais medo de tomar posições. Para mim, pensar por mim mesma é a chave de minha coragem."

Lila transmitiu sua filosofia de coragem aos filhos. Disse-lhes que fossem verdadeiros consigo mesmos, independentemente do que a sociedade manda ou os outros esperam. "Desejo que esta atitude os torne mais corajosos."

Como Lila coloca em prática sua reserva de coragem para superar obstáculos

- Dê-se o direito de ser diferente.
- Tome as ações necessárias para mudar sua vida.
- Desenvolva um tom de voz que expresse esperança.
- Acredite que cada comportamento seu é uma escolha.
- Busque o apoio dos outros.
- Pergunte sempre: Qual é a pior coisa que pode acontecer?
- Lembre-se de que você prefere ser detestada pelo que é a ser amada pelo que não é.

Lila agora ama a vida como nunca. Confiar mais em si mesma facilita fazer escolhas que beneficiem sua vida. Acredita que não precisa mais corresponder a padrões preestabelecidos e está orgulhosa de seguir seu próprio caminho. "**Quando uso minha coragem, não demoro tanto a tomar decisões.** No momento de tomar uma decisão, pronuncio a palavra *coragem* e busco-a dentro de mim. Não fico mais remoendo coisas. Estou querendo me voltar para atividades mais saudáveis, inclusive viajar, fazer ginástica, comer de maneira adequada. Minhas escolhas hoje tornam minha vida muito melhor, e eu me sinto em paz."

CONVICÇÕES DE VIDA

Mesmo com fama, notoriedade, credibilidade – se você não tiver coragem para se sustentar e se não for fiel àquilo em que realmente acredita, não conseguirá nada.
Oprah Winfrey

A CORAGEM DAS SUAS CONVICÇÕES

Conhecer a história das mulheres é importante. Escritoras como Louisa May Alcott começaram a criar imagens de mulheres corajosas muitos anos antes dos movimentos políticos pela igualdade de direitos. Em seu livro *An Old-Fashioned Girl* (Uma moça antiga), escrito em 1897, ela nos revela a "mulher do futuro" sendo esculpida no barro. A personagem principal do livro, a escultora Rebecca Jeffrey, está habilmente afiando seus instrumentos ao lado de três amigas. Rebecca comenta que vai mostrar-lhes sua idéia da mulher do futuro. "Veja como a boca é ao mesmo tempo firme e terna, como se quisesse dizer coisas fortes e sábias e também ensinar crianças e beijar bebês... uma mulher capaz de existir sozinha, de se ajudar... de coração forte, alma forte, corpo forte, diferente da mulher fragilizada e dependente de nossos dias. Força e beleza devem existir juntas."

Gradualmente foi se formando uma onda de indignação contra a opressão das mulheres. Elas passaram a encontrar coragem para formular seus anseios de direitos iguais. A personagem de Alcott expressava sua opinião sobre o futuro da mulher ao dizer: "Você não acha que esses ombros largos podem suportar peso sem se quebrar, que essas mãos podem trabalhar com eficiência, que esses olhos podem enxergar bem e que esses lábios podem fazer outras coisas que não sejam apenas bisbilhotar e sorrir afetadamente?"

Louisa May Alcott foi uma das primeiras escritoras a plantar a semente de uma mulher que poderia ser muito mais do que apenas esposa e mãe. Rebecca decide colocar no pé da estátua que está criando símbolos como "a agulha, a caneta, a palheta e a caixa de ferramentas, para mostrar que ela adquirira o direito de usá-los". No primeiro movimento feminista do começo dos anos 1900, as mulheres agiam nos bastidores. Em vez de desafiar diretamente a autoridade dos homens, preferiam encorajá-los a fazer "aquilo que era certo".

O movimento de libertação da mulher voltou a aparecer nos anos sessenta, quando as mulheres descobriram a força de sua voz e começaram a lutar por suas convicções. Os grupos de conscientização dos direitos das mulheres começaram a se organizar para debater os efeitos negativos do preconceito sexual. Nessas reuniões, as mulheres americanas discutiam temas como o aborto, a desigualdade de salários e a Emenda de Igualdade de Direitos da Constituição, que propunha a adoção de direitos iguais, independentemente do sexo.

Assumir corajosamente as próprias convicções cria um sentimento de autovalorização. Acreditar em sua capacidade de cumprir seus compromissos e ocupar o seu espaço gera uma energia positiva e contribui para o orgulho e a dignidade do caráter da mulher. Essa energia positiva dá forças para existir por conta própria, mesmo que tenha que enfrentar desaprovação. A história de Goldie ilustra este tema.

Goldie: Convicções de vida

Uma mulher com mente independente

Goldie foi uma das primeiras feministas. Quando a entrevistei, ela acabara de ter um derrame. Com oitenta e sete anos, pequena, com grandes olhos azuis, ela ainda dirigia e participava de torneios de bridge. Senti sua paixão pela vida. "Não vou viver num asilo", declarou ela, "e também vou dispensar a cadeira de rodas. Não quero andar com uma bengala ou um andador. Quero dirigir de novo meu carro. Vou melhorar."

Quando Goldie nasceu numa família judia em 1910, a mais jovem de quatro filhas, seus pais desejavam um menino. Goldie tornou-se a líder de suas irmãs e mostrou-se precoce em tudo, cheia de determinação, perspicácia e força de vontade. Ela sabia que o poder pessoal residia muito mais nos pensamentos e atitudes e nunca abriu mão de seus valores. "Sem coragem", insistia ela, "nunca poderia ter conseguido o que eu desejava."

Uma das primeiras mulheres de sua geração a conseguir um diploma universitário em psicologia educacional, Goldie se formou em 1929, aos dezenove anos, e tornou-se uma das primeiras feministas, além de pioneira entre as empresárias mulheres de seu estado.

O pai de Goldie possuía uma companhia de mercadorias de segunda mão e ensinou-lhe o negócio "árduo e duro" de negociar mercadoria com defeito. Aprender o negócio foi fácil para Goldie. O que lhe deu trabalho foram os homens que queriam levar vantagem. Ela teve coragem para enfrentá-los e, à medida que foi conquistando o respeito de seus colegas por sua habilidade e conhecimento, preparou-se para enfrentar os desafios que viriam mais tarde.

"Um dia recebi um telefonema de um vendedor que tinha um lote de maiôs provenientes de uma fábrica de roupas de banho que caíram do caminhão e se sujaram", Goldie conta cheia de orgulho. "Levei-os para casa, lavei-os e pendurei centenas deles no varal. Quando secaram, dobrei um por um e vendi-os para um fornecedor." Com uma disposição incansável e muita inteligência, ela se tornou uma especialista em seu negócio. Viúva há muitos anos, Goldie sente que nasceu com coragem e define da seguinte maneira: "É a capacidade de enfrentar situações confiando em seus próprios talentos e intuição, sem depender sempre das opiniões de outras pessoas." A coragem de Goldie sustentou sua luta para vencer.

Na segunda vez que a entrevistei, Goldie estivera doente mais uma vez. "Minha vida agora não tem maiores acontecimentos", disse-me ela. "De vez em quando, vou a um almoço ou um jantar. Voltei a dirigir meu automóvel e freqüento o clube onde gosto de jogar bridge. A coragem pode não ser tão necessária para mim agora – não tenho mais a mesma disposição –, mas sei que, se for preciso fazer alguma coisa, vou fazê-la." Goldie sempre sentiu que as mulheres deveriam estabelecer metas em suas vidas usando sua própria força, sem depender de ninguém. Minhas entrevistas com ela foram como discursos de despedida, e ela sabia disto.

Goldie viveu digna e corajosamente o seu último ano de vida aproveitando cada momento e expressando satisfação e alegria por tudo que conquistara. Assinando um documento para me permitir usar sua história, ela escreveu: "Fico muito orgulhosa por ter a história de minha vida selecionada para seu livro." Morreu como tinha vivido, aos oitenta e oito anos.

Como Goldie utilizou suas reservas de coragem para viver de acordo com suas convicções

- Seja sempre curiosa. A curiosidade é a força impulsionadora das realizações.
- Seja motivada para vencer; assim você terá várias escolhas.
- Continue sempre aprendendo.
- Tenha orgulho em ser responsável e confiável.
- Seja conhecida como uma pessoa que resolve problemas na sua atividade.
- Procure entender os hábitos e comportamentos de diferentes pessoas.
- Diga a sua verdade, mesmo que os outros não gostem.

A coragem de Goldie deu-lhe uma motivação e um objetivo. Ela nunca ficou parada. Ganhou seu dinheiro, tornou-se independente, garantiu seu futuro. "Sempre conduzi minha vida de acordo com minhas convicções. Sentia orgulho da minha reputação e do meu bom nome."

MANIFESTANDO SUA VISÃO

A coisa mais corajosa que você pode fazer quando sentir medo é mostrar-se corajosa e agir como tal.
Corra May White Harris

A cegueira não é uma virtude

Quando falo em visão estou me referindo à forma como você se vê e como vê suas escolhas na vida. Você se vê cheia de coragem e de escolhas, ou sua vida está atolada numa repetição de erros? Se você se desvaloriza, sua visão das coisas pode ficar distorcida. A cegueira não é uma virtude! Mas a sua visão tem que vir do seu coração, não de seus olhos. Carl Jung disse: **"Sua visão só se tornará clara quando você olhar para dentro de seu coração. Quem olha para fora sonha, quem olha para dentro desperta."** A visão correta – decisões adequadas, conscientes, corajosas – pode mudar sua vida.

Envolvida pelos acontecimentos cotidianos, você pode se esquecer de fazer uso do dom da coragem. Pode esquecer de criar uma visão própria. Pode esquecer de se indagar quais são os elementos que formam sua auto-estima. Comece a imaginar seus passos em direção a uma vida cheia de coragem. Quando você se empenha em conhecer-se, está afirmando sua crença no seu potencial, está declarando corajosamente que deseja comandar sua própria vida.

Por que uma nova visão?

Desenvolver uma nova visão, livre das limitações do passado, abrirá para você novas possibilidades. Abra sua mente eliminando o conformismo e a rotina, imagine-se em novas situações. Se você usar sua coragem para visualizar uma vida diferente e mais feliz, torna-se capaz de construí-la. Caroline Myss afirma, em *Anatomia do Espírito*: "Uma vida bem-sucedida é um processo de conseguir o autocontrole e a capacidade de enfrentar os desafios que a vida lhe traz." Aquilo que você visualiza tem um enorme poder. Se você é capaz de imaginar uma nova vida, você pode alcançá-la!

Revendo objetivos

O desejo obsessivo de alcançar o sucesso prejudicou o bem-estar físico de Kay e atrapalhou sua visão. Encontrei-a pela primeira vez quando fui entrevistá-la para o livro. Descobrimos que tínhamos um interesse comum pelos problemas que envolviam as mulheres. Kay estava terminando sua pós-graduação em psicologia e pesquisava o impacto dos estereótipos na melhoria das carreiras das mulheres. Fiquei surpresa ao saber que ela sofria de um grave problema físico chamado lesão por esforço repetitivo. Parecia em forma e saudável; no entanto, não conseguia mais usar seu braço para digitar e tinha que usar outro método para poder escrever.

O problema de Kay se manifestara quando ela estava estudando para sua pós-graduação e trabalhando como assistente numa pesquisa. Ganhava quinhentos dólares por mês, trabalhava o dia inteiro e ficava até tarde da noite estudando e trabalhando no computador. Sendo mãe solteira de uma filha de cinco anos, tinha que pedir dinheiro emprestado para conseguir pagar suas despesas. Mas estava resolvida a conquistar sua meta e fazer sua pós-graduação. Nada iria impedi-la, mesmo que fosse preciso maltratar seu corpo.

Desde muito cedo, Kay constatara que possuía coragem para enfrentar qualquer problema. Resolveu usá-la. Quando Kay ainda usava fraldas, queria dançar como suas irmãs, e insistiu até conseguir fazê-lo. Observava as irmãs e, se desejava, imitava o que elas estavam fazendo. Seu pai a considerava teimosa, mas Kay nos contou: "Desde criança não gostava que me dissessem o que fazer. Não gostava de me sentir presa numa caixa. As limitações eram para mim inaceitáveis. Conseguia ver as coisas tanto com os olhos como com minha mente. Sabia que iria conseguir fazer o que quisesse." Quando queria alguma coisa,

Kay conseguia. Sua família contava que ela tinha aprendido a dançar antes de andar.

Quando ficou adulta, Kay resolveu que iria obter seu diploma de doutorado. Tinha determinado isto há muito tempo, e nada iria detê-la. Com trinta anos, mãe solteira, sem dinheiro, quase pobre, Kay sentava-se diante do computador todo dia e pesquisava para sua tese. Uma vez, sentiu o braço dormente, e foi assim que seu problema começou.

Para Kay, essa limitação na idade adulta desencadeou a mesma reação que, na sua infância, aparecera quando ela decidiu que iria dançar. "Sempre resisti a quem queria me limitar. Se alguém me diz que não posso fazer alguma coisa, quero sempre provar que o outro está errado. Basta visualizar meu objetivo, que minha coragem me dá forças para realizá-lo."

Esse traço de teimosia, aliado à capacidade de transformar sua visão em algo concreto, ajudou Kay a enfrentar a limitação. No entanto, esta limitação tornou-se mais penosa e frustrante na relação com sua filha. "Houve uma época em que minha filha queria que eu a ajudasse a pentear o cabelo, ou a ensinasse a andar de bicicleta, mas a dor que sentia no braço impedia que eu o fizesse. Por mais que tentasse, não conseguia transformar minha visão num gesto concreto. Era horrível. Sentia como se estivesse em falta com minha filha."

Ao terminar a pós-graduação, com trinta e seis anos, Kay teve que adiar seu plano de fazer doutorado. "Vai ser muito penoso e prejudicial para o meu corpo. A tarefa vai me obrigar a segurar um livro e ler durante várias horas. Continuo querendo fazer o doutorado, mas não é a época certa. É difícil para mim reconhecer que preciso esperar mais um pouco." O empenho de Kay em conseguir seus objetivos é raro em mulheres que têm uma limitação.

Uma das maiores mudanças de Kay foi conseguir coragem para admitir perante outras pessoas que tinha uma limitação.

Ela confessou: "Não deixo que as pessoas vejam meu computador acionado por voz, apesar de ter deixado meu orientador fazer uma entrevista comigo e tirar fotos para uma apresentação a pessoas com problemas semelhantes." Kay concordou porque achou que iria ajudar outras pessoas a atingir seus objetivos.

A coragem é uma parte integrante da vida de Kay. Às vezes é preciso coragem para interromper o trabalho quando começa a dor física. Outras é preciso coragem para se cuidar melhor, como por exemplo ir a um fisioterapeuta. Kay descobriu que pedir ajuda e revelar vulnerabilidade também é um tipo de coragem. Ainda continua afirmando que é preciso muita coragem para não ficar deprimida por ter sido obrigada a diminuir o ritmo de seus planos de vida diante da realidade de suas limitações. Apesar de ter mudado a visão de seus planos, ela afirma: "Vou conseguir. Ainda vou chegar lá. Vou fazer o que planejei – só que de modo um pouco diferente." Quando começa a se sentir desencorajada, Kay visualiza seu corpo sem nenhuma dor, apela para sua coragem e visualiza a realização de seu plano.

"As pessoas verdadeiramente corajosas têm uma visão, uma missão." Kay continua: **"Acho que, para ser bem-sucedida, a coragem tem que vir do coração. É uma voz imperiosa que me mantém no caminho."**

Quase um ano depois de nossa entrevista, procurei Kay para indagar sobre sua saúde. Ela está começando uma nova carreira e vai se casar no ano que vem. Com sua dor crônica quase curada, Kay acha que aquela corrida desenfreada em que vivia acabou. "Estou começando a subir a montanha de novo. Estou enxergando a possibilidade da caminhada, posso visualizar de novo o topo da montanha."

Como Kay põe em prática sua reserva de coragem para mostrar sua visão

- Seja teimosa e persistente em seus objetivos.
- Resista aos rótulos que as outras pessoas colocam em você.
- Não aceite julgamentos.
- Pergunte a si mesma: Como vou usar minha coragem para enfrentar essa situação?
- Desapegue-se do orgulho.
- Continue aprendendo.
- Use a coragem como um recurso para ir em frente.
- Não fuja da situação.
- Enfrente a dor se quiser melhorar.
- Cresça. Adquira coragem a cada passo de sua visão.

Kay sente orgulho de sua coragem e reconhece o valor dessa força interior. A coragem é sua amiga. Continua sendo sua arma favorita na luta para a realização de sua visão. Quando sente que vai desanimar, Kay visualiza uma camada de coragem em torno de seu corpo, como um escudo que a protege para enfrentar o desconhecido.

"O comportamento corajoso aparece com maior freqüência quando você decide ser uma mulher corajosa. **A coragem se torna uma coisa familiar, como se você segurasse na mão de uma amiga muito querida."**

SUPERANDO A DOENÇA OU A PERDA

Não tenha medo de que sua vida acabe; tenha medo de que ela nunca comece.
Grace Hansen

MANTENDO O EQUILÍBRIO

Apesar de a nossa cultura lutar para redefinir os papéis dos homens e das mulheres, há sempre estereótipos ligados à feminilidade. Essas expectativas sutis muitas vezes diminuem nosso sentimento de auto-estima e comprometem nossa capacidade de viver uma vida satisfatória. **É preciso coragem pessoal para abandonar as definições impostas pelo mundo externo.**

Muitas vezes nossa cultura também define a mulher por sua aparência física, fazendo com que ela valorize primeiramente seu corpo e, depois, sua mente ou seu espírito. Esta valorização da aparência física pode chegar a extremos absurdos, como a anorexia e a bulimia. Noventa por cento das pessoas que sofrem de anorexia nervosa (uma doença antiga) são do sexo feminino. Esta doença crônica e até fatal atinge aproximadamente 77.000 pessoas nos Estados Unidos.

É preciso coragem para rejeitar tanto as mensagens destrutivas de nossa cultura sobre a aparência da mulher quanto para superar os comportamentos autodestrutivos que essas mensagens podem produzir. As mulheres acham que têm que ser perfeitas de muitas maneiras – amante perfeita, mulher perfeita, mãe perfeita e profissional perfeita. E ainda precisam fazer isto tudo usando um manequim 36.

A autoflagelação existe há muito tempo. As santas, inclusive Santa Catarina de Sena, procuravam estar mais perto de Deus imitando o sofrimento de Cristo na cruz. Com seis anos de idade, em 1353, depois que Santa Catarina teve sua primeira visão de Cristo, ela e suas amigas começaram a se flagelar em segredo e a se punir com um intenso jejum para provar sua obediência a Deus. Muitos anos depois, ela tentou abandonar seu rigoroso jejum, mas era tarde demais. Seu corpo frágil não tolerava mais a comida. Morreu de inanição com a idade de trinta e três anos. Infelizmente muitas mulheres continuam a fazer coisa semelhante, jejuando para imitar seus modelos preferidos.

Essas noções distorcidas da beleza são uma loucura. **Só quando a mulher tiver coragem de afastar as máscaras ditadas pela publicidade e pela moda poderá descobrir que é amada pelo que é,** e não pela aceitação de padrões impossíveis, muitas vezes destrutivos. Só quando isto acontecer ela encontrará a paz interior.

CANDACE: VENCENDO A DOENÇA

Reflexos no espelho

Para Candace, uma mulher de quarenta e um anos, de nível universitário, casada e com um filho, foi preciso coragem física para enfrentar seu problema de quatro anos de bulimia. Ela me revelou que quando leu as cópias de suas entrevistas reviveu seus sentimentos de desespero e de dor. Num certo ponto, não queria continuar com as entrevistas, porque ficava envergonhada e revoltada ao ver o quanto se maltratara.

Candace levou pelo menos dois anos para parar de sentir vontade de vomitar tudo que comia. Diz ela: "Durante muitos anos não enfrentei a bulimia porque tentava esconder meu comportamento, não queria mudá-lo. Levei horas incontáveis me enganando e dizendo que aquilo era uma doença que não dependia de decisão minha." Certa vez, depois de vomitar mais uma vez, ela viu sangue dentro do vaso sanitário e compreendeu que estava vomitando a parede de seu estômago, vomitando sua saúde. Assustada, percebeu que estava arruinando seu corpo. Não apenas o prejuízo físico, mas a dor emocional de tentar manter um peso fora da realidade ia acabar com a sua vida. Ela tinha que parar.

Candace finalmente constatou que a bulimia era uma escolha sua. Ela tinha medo, achando que, se parasse, iria perder seu namorado, um homem que valorizava sua aparência física acima de tudo. Mas tinha que enfrentar a realidade: continuar com a bulimia significava caminhar para a morte.

Candace descobriu e leu o livro *Um Curso em Milagres*, cuja finalidade é mudar as percepções que destroem as pessoas. Durante a leitura, viu que Deus poderia ajudá-la na sua recuperação. Sentiu que, se mudasse seu modo de pensar, poderia mudar seu comportamento e encontraria a paz que desejava. Ela não seria vítima de uma doença, mas uma pessoa com o poder de escolher seus atos. **Era uma questão de coragem.**

Um dia difícil depois do outro, Candace enfrentou a doença até ir aos poucos dominando-a. Quando achava que tinha comido muito, ela podia escolher entre vomitar ou manter a comida no estômago. Além do livro, o apoio incondicional de sua mãe e de sua irmã foi fundamental na sua recuperação. "De repente, descobri uma coisa que parecia óbvia", disse Candace. "Simplesmente não fazia sentido eu me prejudicar, quando poderia agir de outro modo."

O passado acabou. No lugar dele vejo a paz.
A voz de Deus fala em mim o dia inteiro.

Candace compreende agora que a perfeição é impossível. Ser magra não é mais um objetivo em sua vida. "O passo mais corajoso de todo esse processo foi ter passado a me valorizar pelo que sou essencialmente e não por minha aparência."

Como Candace põe em prática sua reserva de coragem para vencer a doença

- Repita afirmações positivas.
- Enfrente as situações, em vez de fugir delas.
- Case-se com alguém que a valorize pelo que você é e não por sua aparência.
- Aceite-se como é. Lute por realizações, não por perfeição.
- Tenha uma visão do que deseja e concentre-se nela.
- Escolha um modo de vida saudável.
- Procure cercar-se de pessoas que lhe sirvam de apoio.
- Convença-se de que tem o poder da escolha.

Para Candace, a coragem não é apenas um modo de pensar: ser corajosa significa agir. A coragem deu-lhe o poder de se recuperar de uma doença devastadora e sair dela mais forte e inteira. **"Ao usar minha coragem, pude enfrentar uma manhã de cada vez e uma noite de cada vez, sem enlouquecer. Uso este método para lidar com todos os desafios de minha vida."**

ENFRENTANDO A PERDA

Aqueles que não sabem chorar com todo o seu coração
também não sabem rir.
Golda Meir

Existem vários níveis de coragem. Um deles requer apenas um pouco de força interior, como doar sangue ou falar em público. Outros exigem mais bravura, como nos exemplos que vimos anteriormente. Vamos falar aqui da coragem espiritual, necessária para recuperar-se da perda de alguma coisa ou de alguém de quem gostamos muito. A coragem espiritual é realmente poderosa e exige toda nossa força e esperança. Com ela vem o conhecimento interior de que estamos protegidos por um amor infinito.

Diane: Enfrentando a perda

Liberando amor

Corações partidos se refazem lentamente. Diane, que fala de um modo suave e seguro, passou por maus momentos em seus quarenta anos de vida. Ela sente que a coragem foi sua força para enfrentar tudo que passou.

Diane viveu num ciclo ultrajante durante muitos anos, separando-se de seu marido seis vezes. Na maioria das vezes ele a abandonara com desaforos e palavrões, acusando-a de ser infiel. Certa vez, o marido de Diane ligou para a mulher do chefe dela dizendo que Diane estava tendo um caso com o seu marido.

Diane voltava para seu marido depois de cada um desses acontecimentos ofensivos porque ele pedia desculpas, mandava flores, dizia que a amava. Ela queria achar que essas palavras significavam que ele iria mudar. Diane tinha sido condicionada a aceitar esse tipo de abuso. Seu pai muitas vezes batera nela por razões inteiramente sem importância, e também a maltratava verbalmente, humilhando-a e fazendo com que ela nunca se sentisse bem aceita.

Diane se preocupava com os filhos, sentindo que, de uma hora para outra, seu marido poderia começar a maltratá-los. Tomando coragem, finalmente ela fugiu do marido e mudou de cidade com seus filhos. Foi morar num abrigo para mulheres que tinham sofrido agressões físicas e lá se sentiu confortada, compartilhando com as outras mulheres sua história de maus-tratos. Não se lembrava mais da última vez que sorrira.

Quando soube pela supervisora do abrigo que o marido ameaçara seu chefe e a secretária dele para que lhe dessem o endereço de seu esconderijo, Diane mudou seu nome e o dos filhos e cortou o contato com seus pais e amigos. Só o irmão e a cunhada sabiam de seu plano, e a encorajavam. Diane disse: "Não poderia ter feito uma mudança tão drástica na minha vida sem o apoio deles, porque sentia medo e quis desistir muitas vezes no meio do caminho."

A definição de coragem para Diane é a capacidade de identificar fraquezas internas, transformando-as em força. Seis meses depois de conseguir sua nova identidade, conheceu Steve numa aula de dança e em pouco tempo se apaixonaram. Ele tratava maravilhosamente bem a ela e a seus filhos. Acampavam, pescavam e viajavam juntos, e Diane pensava: "Steve é um presente de Deus para mim. Só se vê bondade nele, e seu amor é incondicional."

Diane sabia, quando casou com Steve, que ele tinha um câncer. Apesar de, no princípio, sentirem-se otimistas em relação ao futuro, logo ficou evidente que Steve não iria viver muito. Depois de passar por uma cirurgia que durou vinte e duas horas, ele ficou no hospital durante semanas.

Na semana do Natal, Steve, que tinha apenas cinqüenta e um anos, disse a Diane que estava pronto para partir e pediu que o tubo que o alimentava fosse desligado. Desesperada, Diane sabia que tinha que deixar partir o único homem que amara. Deitou-se ao lado dele, abraçou-o, e relembraram tudo que haviam feito juntos, expressando o amor que sentiam um pelo outro.

Diane queria manter Steve vivo o maior tempo possível. Mas sabia que ele estava pronto para se libertar do seu sofrimento e o amava o bastante para deixá-lo morrer. Isto representou uma enorme coragem, mas ela sabia que um dia iria superar sua perda. Diane estava com Steve quando ele deu seu último suspiro.

Diane concluiu: "Eu não sou diferente de nenhuma outra

mulher. **Todas tropeçamos, temos fraquezas, força, medo e coragem.** O passo que dei saindo de um casamento que me destruía e o amor que conheci com Steve me fortaleceram. Ainda quero fazer muita coisa, e isto vai me fazer continuar."

Como Diane põe em prática suas reservas de coragem para enfrentar a perda

- Peça ajuda. O isolamento é o oposto da coragem.
- Procure a companhia e o apoio de outras pessoas.
- Mantenha sempre o diálogo com seus filhos.
- Cuidado com sua raiva.
- Distinga sobrevivência de coragem.
- Acredite que tem outras escolhas.
- Visualize o lugar para onde você quer ir.
- Persista para que a coragem que está em você venha à tona.
- Faça afirmações positivas, como, por exemplo: "Sim, eu posso."

Depois de tudo que passou, Diane confia em seu instinto. Acredita quando as pessoas dizem que ela é corajosa, porque sabe que foi necessária muita coragem para fazer o que fez. Sabe que tem valor e que merece uma vida boa. Procura consultar sempre o seu desejo e sua intuição, não deixando que os desejos e expectativas de outras pessoas influenciem suas escolhas. "Ao escapar da situação de violência em que vivia, deixei um marido cruel e encontrei um novo amor. Depois disto, sei que posso conquistar qualquer coisa. Não importa que tenha apanhado na infância e que na época sentisse muito medo e me submetesse. **Aprendi a ser corajosa – coragem era uma qualidade escondida bem no fundo da minha alma, que sempre esteve lá. Encontrá-la é que fez a grande diferença."**

REFLETINDO SOBRE A AUTO-ESTIMA

Não vemos as coisas como elas são, mas sim como nós somos.
Anaïs Nin

SENTINDO-SE BEM CONSIGO MESMA

Problemas relacionados com a auto-estima geralmente têm origem em padrões estabelecidos na infância. O sentimento de auto-estima de uma criança é formado através da sua relação com seus pais, especialmente com a mãe. **A pessoa que tem uma auto-estima saudável e uma auto-imagem positiva sente-se bem consigo mesma e é mais capaz de suportar críticas, rejeição ou fracasso.** As opiniões dos outros raramente a imobilizam ou a deixam com dúvidas. Quando erra ou deixa de atingir seus objetivos, procura aprender com o erro e usa a coragem para superar sua decepção e seguir em frente.

TRACY: REFLETINDO SOBRE A AUTO-ESTIMA

Restaurando o eu verdadeiro

Com trinta e três anos de idade, Tracy tem pós-graduação em ciências políticas, é solteira e trabalha na indústria de telecomunicações. Em nosso primeiro encontro, ela declarou que a coragem é uma qualidade inata. Sempre a mais alta da classe e a primeira a fazer tudo, Tracy preferia brincar com os garotos e não gostava de bonecas. "Nunca duvidei da minha coragem."

Quando chegou para sua segunda entrevista, Tracy parecia estressada e cansada. Sentia-se mal porque tinha engordado e voltara a fumar. "Lamento dizer que na atual fase da minha vida não me sinto corajosa", declarou. "Neste momento estou tendo que buscar no fundo de mim mesma coragem para restaurar minha auto-estima. Sei que este processo vai me obrigar a olhar para dentro de mim, procurando descobrir o problema, e depois refletir sobre ele." O fato de ter engordado prejudicava sua auto-estima, o que a fazia menos capaz de emagrecer e parar de fumar.

Não tinha sido um ano fácil para Tracy. Ao trocar de emprego, ela descobrira que seu novo chefe não tinha um comportamento ético. "Fui obrigada a enfrentar meu chefe para afirmar meus valores", disse ela. "Minha auto-estima, que eu considerava inabalável, foi profundamente afetada nesse embate. De certo modo, é como se a Tracy que conheço estivesse desaparecendo. Não me sinto mais tão alegre e positiva em relação às coisas, como costumava ser."

A coragem de Tracy parecia ter recuado. Deprimida, não conseguia visualizar os passos que deveria dar para recuperar sua felicidade. Ao olhar para dentro de si mesma, achava difícil encontrar motivos para recuperar sua auto-estima e coragem. "Desde a minha primeira entrevista para o livro", afirma, "tenho pensado muito na palavra *coragem*, mas neste momento me sinto perdida. Preciso salvar a verdadeira Tracy – a Tracy que você conheceu no nosso primeiro encontro. É fácil usar minha coragem quando estou bem comigo mesma. Quando isto acontece, me sinto forte e poderosa. Mas é muito mais difícil quando estou deprimida."

Quando perguntei se ela achava que sua coragem tinha desaparecido, respondeu: "Acho que não. Sinto que ela está sempre presente. Para mim, o meio de utilizá-la é melhorar minha auto-estima. Fico mais corajosa quando gosto de mim mesma."

Apesar de acreditar que nasceu com coragem, fica cautelosa: "Percebo que ela pode desaparecer. No momento, estou lutando para fazê-la reaparecer."

Quase um ano depois, liguei para saber como Tracy estava

enfrentando a batalha para recuperar sua coragem. Ela me pareceu ótima e disse que estava se sentindo muito feliz. Quando perguntei como se dera a mudança, ela me contou que tinha tomado coragem para avaliar a situação e concluíra que não podia continuar num trabalho que destruía sua auto-estima. A coragem permitiu que ela deixasse seu emprego sem nenhum projeto pela frente.

Determinada, Tracy falou consigo mesma: "Essa situação está me destruindo física, emocional e mentalmente. Tenho que tomar uma decisão – preciso sair daqui, apesar de não saber de onde virá meu próximo contracheque."

Ao deixar o emprego, Tracy sabia que iria lutar financeiramente durante algum tempo. Mas avaliou: "É melhor do que ficar exposta a um sofrimento maior. **Procurei conscientemente entrar em contato com a coragem que existe dentro de mim e que estava escondida. Assim, pude reconstruir a auto-estima que alimenta minha força, meu poder interior e até minha beleza física.**" Tracy chamou o processo de "efeito coragem", porque sentia sua confiança aumentar a cada passo que dava.

Ao permitir que as pessoas vissem suas fraquezas, Tracy tornou-se mais próxima e acessível. Ela contou: "Agora me relaciono melhor com as pessoas. Foi um alívio saber que não precisava fingir que estava feliz. Sou mais capaz de olhar as pessoas com afeto, sorrindo mais, apertando suas mãos de modo mais caloroso. Mesmo com a auto-estima baixa, não me escondo, mas compartilho o que estou sentindo, e os outros percebem minha capacidade de me abrir mais. É bom gostar de mim como sou: uma pessoa que tem muitos medos e fraquezas, mas que consegue superá-los com esse dom inato da coragem."

Como Tracy põe em prática sua reserva de coragem para refletir sobre sua auto-estima

- Olhe para dentro de si mesma e pergunte: O que preciso fazer para mudar?
- Avalie-se escrevendo num papel frases começadas por "Eu sou...".
- Lembre-se de quem você é e daquilo em que acredita.
- Aprimore suas capacidades e habilidades através de estudo, leituras e treinamentos.
- Permita-se ser vulnerável.

Tracy ataca os problemas de frente. Mas, quando se sente deprimida, volta-se para dentro de si mesma e entra em contato com seu verdadeiro eu. "Digo a mim mesma que sou uma mulher inteligente e que vou conseguir enfrentar as coisas. Consigo superar a situação e voltar a ser a pessoa confiante que quero ser. Não adianta negar a depressão. Tenho que admitir que estou na fossa para poder sair dela."

REINVENTANDO-SE

Nunca é tarde demais para ser aquilo que
você poderia ter sido.
George Eliot

Escolhendo um novo projeto de vida

A coragem é a força que vem do coração e se projeta para fora. Quando você tem a sensação de ter perdido o rumo e de não estar se encontrando, ela é capaz de promover um processo de "reinvenção do seu eu". Este novo eu pode impulsionar você na direção de um novo projeto de vida.

Quando você toma uma posição, tem que estar preparada para enfrentar a censura, a discordância e até a rejeição dos outros. Muitas vezes é preciso "reinventar-se" para manter sua posição e defender suas crenças sem se deixar abalar pela opinião e até pela hostilidade dos outros. Nesses momentos, a coragem é fundamental. Não se trata de não ouvir os outros, ou descartar seus pontos de vista, porque eles podem lhe dar uma contribuição. Mas, quando você estiver convicta da atitude que deve tomar, apele para sua coragem e vá em frente. Confie na sua própria maneira de pensar, nas suas opiniões, nos seus valores. **Busque sua coragem para apoiar o seu eu mais profundo e autêntico.**

Reinventar-se é sair da sua maneira habitual de ser e buscar dentro de si mesma a força e a coragem que lá se encontram, para agir e reagir de uma forma nova. Todas nós temos capacidade de fazer isso. Quando uma mulher não consegue vencer um desafio que poderia enfrentar – especialmente quando se trata de uma situação em que alguém abalou a sua identidade –, muitas vezes é porque se deixa dominar por dúvidas em relação à própria capacidade. A coragem é o impulso e a força necessários para reinventar e redirecionar seu caminho.

SUE: REINVENTANDO-SE

Recuperando a identidade

Sue é gerente de recursos humanos numa fábrica. Com cinqüenta e cinco anos, calorosa e positiva, ela define a coragem como "o desejo de correr riscos e experimentar coisas novas – como uma nova carreira ou um novo relacionamento –, ou prosseguir no que está fazendo, quando você acha que seria mais fácil desistir".

Em 1962, numa pequena cidade do interior, Sue acabara de

se formar no ginásio quando ficou grávida. Educada com valores tradicionais e uma moral rígida, apesar de não se sentir preparada, casou-se e passou a dedicar-se ao marido e à filha.

Para ajudar a sustentar sua nova família, pediu ao reitor do colégio onde o marido trabalhava que a contratasse como secretária. Fez o possível para ajudar o marido e ter um lar feliz. "Durante os primeiros anos éramos dois adolescentes educando uma criança. Precisei ter coragem para continuar num casamento que estava longe de ser perfeito, mas na época eu não dava o nome de coragem a essa força que me mantinha. Esforcei-me ao máximo, como achava que deveria fazer uma boa moça." Uma avó dedicada tomava conta de sua filha, e assim Sue continuou trabalhando no colégio por mais dez anos.

Sue acha que não nasceu corajosa, mas que a necessidade de sobrevivência ensinou-a a ser. Seu ambiente familiar não estimulava a autonomia das mulheres. **No casamento, era totalmente dependente do marido, o que suprimia sua coragem.**

Já estavam juntos havia trinta anos, quando um dia seu marido comunicou que não queria mais continuar casado com ela. "Não conseguia imaginar minha vida sem ele, pois saíra da casa de meus pais diretamente para o casamento. Sentia até medo de ficar sozinha na nossa casa, que era grande."

Sue não queria envelhecer sentindo-se amargurada com seu divórcio, mas passou por uma fase extremamente difícil. "Hoje me dou conta de que foi preciso muita coragem para ir trabalhar todos os dias. Nos momentos de folga ia para o banheiro chorar. Muitas vezes chorava no caminho para casa, e quando chegava em casa ainda chorava mais." Começou a se aconselhar com um padre da sua igreja e procurou também um psicoterapeuta. Ambos foram de grande ajuda para ela nessa fase de transição.

Hoje, os desafios de sua carreira obrigam Sue a usar os recursos que descobriu ao enfrentar seu divórcio. "Foi preciso me reinventar por completo. Talvez, se a separação não tivesse existido, eu nunca tomaria contato com essa outra Sue que existia em mim. Nesse sentido, por mais doloroso que tenha sido, o divórcio foi uma chance única de crescimento. Agora consigo dizer não àquilo que não quero ou não preciso. Aprender a dizer não foi especialmente difícil, pois eu tinha sido educada para ser submissa. Hoje sei que posso fazer o que quiser de minha vida, e isso me dá muito prazer. Todo esse processo fez com que eu progredisse no meu trabalho. Tornei-me gerente de recursos humanos, e no contato com as pessoas descubro que muitas apresentam o mesmo tipo de problemas que enfrentei. Se não tivesse passado pela dor e pelas dificuldades terríveis do meu divórcio não seria capaz de compreendê-las e ajudá-las." Sue perdeu sua identidade como esposa, mas reinventou-se como profissional independente e um ser humano mais realizado.

Um ano depois de sua primeira entrevista, Sue já estava numa companhia de alta tecnologia, conquistando, ao fim de três meses de trabalho, o cargo de diretora de recursos humanos. Depois de cinco anos de divórcio, tinha se apaixonado pela primeira vez. Diz ela: "Posso ver nitidamente como a coragem de me reinventar teve um papel decisivo para eu poder conseguir o que queria da vida." Ela conta que usa cada vez mais a palavra coragem quando trabalha com treinamento de pessoal.

Sue reconhece que as pessoas têm direito à sua própria opinião e vontade, e este modo de ver permite que ela não se sinta rejeitada quando alguém discorda ou se afasta dela. Ao perceber o quanto uma rejeição pode afetar sua auto-estima, procura proteger-se tomando mais fortemente consciência de si mesma. **"É importante sabermos profundamente quem somos, para não ficarmos vulneráveis aos julgamentos dos outros"**, Sue insiste.

Somos todos produtos de experiências passadas. Mas apegarnos aos acontecimentos do passado e continuar remoendo nossas feridas nos fazem mergulhar mais em nossas dificuldades. Superar as marcas do abuso, do abandono ou da rejeição nos permite continuar a construir uma vida feliz e realizada.

Reinventar-se requer coragem, e ao agir corajosamente vamos sendo cada vez mais capazes de fazer escolhas diferentes e melhores para nós. Muitas vezes temos que passar por uma crise para caminharmos em frente, porque não estamos habituadas com mudanças e corremos o risco de ficar presas no mesmo lugar. A crise do divórcio de Sue motivou-a a seguir em frente. Ela superou a rejeição e reinventou-se para viver uma vida realizada. "Por causa de tudo que passei e das mudanças que enfrentei, sinto que sou uma mulher totalmente diferente. Agora tenho diante de mim um desafio novo e estimulante que outrora acharia impossível."

Como Sue põe em prática sua reserva de coragem para reinventar-se

- Alimente crenças e valores firmes.
- Escolha andar para a frente.
- Cultive boas amizades.
- Seja independente.
- Tenha fé.
- Lute por aquilo que acredita.
- Nunca desista, pois há sempre uma reserva de coragem em você.
- Estude a situação. Tome decisões sensatas.
- Assuma riscos.

Sue acredita que, quando você reconhece que tem coragem, consegue força. Foi o divórcio que a obrigou a ir em busca desse reconhecimento. Agora se considera forte e confiante. Acredita que nós todas temos coragem e que basta apenas tomar consciência dessa reserva interna. “Para mim, a fonte predominante da coragem é minha fé. Escolhi não ser uma mulher amarga. **A coragem me ajuda a reinventar sempre quem eu sou de modo positivo.”**

EXPONDO SUA VULNERABILIDADE

É melhor ser leão por um dia do que cordeiro toda a vida.
Irmã Elizabeth Kenny

CONFIE O BASTANTE PARA MOSTRAR SEU CORAÇÃO

Estabelecer uma ligação emocional com alguém implica expor suas vulnerabilidades. Talvez você tenha medo de se abrir com alguém, achando que, se revelar seus verdadeiros sentimentos para mostrar quem é, **você corre o risco de ser magoada. No entanto, você só pode ter uma intimidade real com alguém quando se dispuser a ser emocionalmente vulnerável em relação àquela pessoa.**

Em nossa cultura, muitos não deixam cair suas defesas emocionais porque não confiam o suficiente em ninguém. Por isso, constroem barreiras emocionais em torno de si, conservando seus sentimentos isolados e bloqueados. Ter coragem de comunicar seus sentimentos dissolve essas barreiras emocionais e aproxima as pessoas. Para aprofundar as relações interpessoais é preciso ter coragem para abrir-se e ser vulnerável. Sempre que revelamos um segredo cuidadosamente guardado sobre nós mesmas, constatamos que o medo e a inibição associados ao segredo perdem sua força.

Mary Catherine Bateson escreve em *Composing a Life* (Construindo uma vida): "Existem duas espécies de vulnerabilidade que as mulheres criadas em nossa sociedade tendem a ter. A primeira é considerar que o sacrifício pessoal – a obrigação que lhes foi ensinada de deixar interesses pessoais de lado para se dedicarem aos interesses dos outros – é uma qualidade. O segundo tipo de vulnerabilidade treinou as mulheres para acreditarem em mensagens de desprezo e desvalorização – visões distorcidas de si mesmas –, impedindo que ficassem seguras de que o que importa é a avaliação que fazem de si mesmas."

Se você sente estas e outras vulnerabilidades, nada impede que se liberte delas. É como soltar um pássaro da gaiola e vê-lo voar. **As coisas que evitamos enxergar nos mantêm escravizados, mas assim que as reconhecemos elas perdem seu controle sobre nós.**

CAROL: REVELANDO A VULNERABILIDADE

Encontro com negócios inacabados

Carol achava que vulnerabilidade significava fraqueza. Procurava manter-se sempre vigilante para não mostrar seus verdadeiros sentimentos. Aos trinta e seis anos, vivendo um segundo casamento feliz, seu mundo virou de pernas para o ar. Depois de fazer uma histerectomia parcial, ficou clinicamente deprimida. Lutou durante sete anos contra a depressão, tratando-se com um terapeuta que a ajudou a recuperar o equilíbrio e a enfrentar seu passado doloroso.

Violentada física e sexualmente quando criança, Carol revela: "Um dos companheiros de equipe de vôo de meu pai se aproveitou de mim quando eu era criança. Meu pai também abusou sexualmente de mim. Quando eu saía sozinha, era atormentada por visões desses abusos do passado. Enfrentava uma séria depressão e sentimentos de solidão."

Mas Carol não queria ir para um hospital de doenças mentais. Decidiu lutar contra a solidão que sua doença havia provocado. Ajudada por seu terapeuta, tratou de entender as razões da doença, fazendo dela uma oportunidade de crescimento.

Ao ler o capítulo dois deste livro, Carol descobriu por que gostara tanto do filme *O Mágico de Oz*. Lembrou-se de que, na infância, andava pela casa imitando o Leão. Agora, aos quarenta e oito anos, aprendeu que ser corajosa não exclui a vulnerabilidade. Pelo contrário: "É revelando minha vulnerabilidade que me aproximo mais dos outros, porque eles se identificam comigo. Hoje percebo o quanto havia de soberba na negação do sofrimento e da fraqueza. Sou fraca, vulnerável e medrosa, mas sou também forte e corajosa, e isto faz de mim um ser humano mais pleno e digno."

Recentemente Carol conversou com uma colega de trabalho que estava enfrentando um marido violento. Como sofrera abusos de seu primeiro marido, Carol foi capaz de ajudar a colega dando-lhe alguns conselhos. Disse-lhe: "Você não pode permitir que essa situação continue. É ruim para você, porque se desrespeita, ruim para seu marido, que a desrespeita, ruim para seus filhos, que crescem num ambiente de desrespeito e violência. Peça ajuda, busque coragem dentro de si mesma e desenvolva sua força. Você tem que ter coragem de acabar com esse casamento."

Como Carol põe em prática sua reserva de coragem para mostrar sua vulnerabilidade

- Avalie sua situação atual e comece a planejar mudanças.
- Assuma o que aconteceu com você falando sobre o assunto.
- Tome consciência dos seus sentimentos e use-os para mudar a situação.
- Observe seus padrões de pensamento.
- Reze pedindo orientação.

- Ouça sua pequena voz interior.
- Confie em suas intuições.
- Mostre sua vulnerabilidade expressando seus sentimentos.
- Misture persistência e coragem.

Para Carol, a coragem é uma poderosa força interior que nos permite dizer o que precisa ser dito e enfrentar as situações. Sua motivação vem do coração e lhe dá o poder de fazer o que precisa ser feito, de enfrentar os problemas com confiança. Carol sabe que a coragem não tem sexo, está dentro de cada ser humano. Ela reza muito: "Meu Deus, você sabe o que me aconteceu no passado. Passei por tudo isso e consegui chegar onde estou. Eu me sinto abençoada." Tendo aprendido o valor de ser vulnerável, ela conclui: **"Eu me sinto bem expondo minha vulnerabilidade. Mostro aquilo que realmente sinto, e assim deixo as pessoas se aproximarem mais de mim."**

AFIRMANDO-SE

Peça à Luz que ilumine seu medo e lhe dê coragem para não continuar agindo de modo negativo.
Caroline Myss, Ph.D.

Fazendo sua voz ser ouvida

Ter coragem significa tomar posição, afirmando o que para você é certo e bom. Coragem é sustentar suas opiniões e não se manter passiva diante da injustiça. Esta coragem existe dentro de todas as mulheres. Quando você trouxer sua coragem do fundo do seu coração e do seu espírito, vai encontrar sua voz.

A coragem de afirmar o que você acredita como bom e justo faz parte do respeito próprio e da auto-estima. Você ouve os outros, mas coloca claramente sua posição, mesmo que seja totalmente diferente. Calar-se sobre suas idéias, pontos de vista, sentimentos e desejos, por temer a desaprovação dos outros, coloca você numa situação de inferioridade. Afirmar o que sente e aquilo em que acredita permite que você viva de acordo com seus valores.

A coragem de afirmar o que sente dá autenticidade à mulher. Censurar-se e bloquear-se provoca um sentimento de impotência. Dizer o que pensa, mesmo com o risco de desagradar os outros, vai lhe dar mais força. Acreditar na sua voz vai ajudá-la a conservar sua integridade. Não se censure. Consulte sempre o seu desejo e lute por suas convicções. Esta atitude reforçará sua feminilidade e irá beneficiar você, sua família, seus amigos, seus colegas de trabalho e sua comunidade.

Ruthie: Afirmando o que sente

Cultivando suas inclinações

Ruthie, que agora está com vinte e oito anos, é casada, não tem filhos, e sempre se revelou uma estudante excepcional. Na escola, já fazia testes para cursos avançados de ciências e matemática. Tinha sempre as mesmas notas de um rapaz de sua classe, e ficou muito contrariada quando ele foi admitido no curso avançado e ela não. Com o apoio de seus pais, foi falar com o diretor. Ela se lembra: "Não tive medo de enfrentar a autoridade do diretor, porque estava convicta da injustiça cometida, e não podia me conformar. Acabei não sendo aceita, mas me senti bem por ter reivindicado o meu direito."

Hoje, Ruthie trabalha na área promocional de um importante aeroporto internacional. Ela acha que todos têm algum tipo de coragem. "A coragem aparece em todos os aspectos de nossa vida. A origem da palavra coragem, *cor*, é coração. Acho que é verdade – ela vem do coração. É o desejo de enfrentar desafios e superar obstáculos. Mesmo que você caia, valeu o movimento, o impulso. Você tem sempre chance de se levantar, sacudir a poeira e seguir em frente. Mas, se ficar paralisada pelo medo, não vai acontecer nada. É preciso, porém, estar muito atenta, porque as meninas aprendem desde cedo que o risco é perigoso e que o fracasso é ruim. **Dispor-se a fracassar é um ato de coragem.**"

Como Ruthie põe em prática sua reserva de coragem para afirmar o que sente

- Faça uma avaliação pessoal. Examine a sua situação e decida como sua coragem pode ajudá-la a superar ou ultrapassar as circunstâncias. Descubra o que está bloqueando você.
- Identifique o que está sob seu controle e aquilo que não está. Você pode influenciar ou não na decisão do problema? Seja flexível.
- Comunique seu medo a alguém. Fale clara e firmemente.
- Cerque-se de influências positivas. A contribuição dos mais próximos – pais ou amigos – é importante para reforçar sua coragem.
- Faça o que sente que é certo para você.
- Assuma novas responsabilidades no seu trabalho profissional. Quando se sentir desmotivada para agir, descubra novas tarefas mais estimulantes. Novas realizações vão lhe dar confiança para seguir em frente.
- Enfrente o desconhecido e resista a qualquer tipo de acomodação.

Ruthie também recorre à sua coragem para desistir, quando percebe que não tem condições de resolver uma situação. Como qualquer ser humano, ela não gosta de fracassar, mas mesmo assim se arrisca muitas vezes. "**A coragem é uma virtude humana básica. Precisa ser despertada e estimulada.** Percebo que preciso de coragem para me afastar e deixar que os outros encontrem seus caminhos, mesmo quando discordo deles. A vida dá voltas inesperadas e pode nos colocar em situações difíceis e assustadoras. É nesses momentos que agir corajosamente determina a diferença entre conservar uma vida íntegra e satisfatória e entregar-se ao desespero."

SARAH: AFIRMANDO-SE

Dando voz a seus princípios

Sarah é outra moça que afirma sempre aquilo que considera certo. Quando estava no ginásio, um professor chamou-a para uma reunião numa sala fechada. Sarah intuiu que havia algo estranho naquele convite. Uma voz interior lhe avisava que a insistência do professor em ter um encontro numa sala fechada era inadequada.

Sarah resolveu enfrentar o professor. Pagou um preço alto, pois o professor expulsou-a da classe e acusou-a de rebeldia à diretoria. Quando se lembra do fato, Sarah não se arrepende do que fez naquela situação difícil. Desde então, descobriu que, quando alguém tenta intimidá-la e ela se submete, coloca em risco uma coisa muito preciosa – sua integridade e respeito próprio. Ela diz: "Acredito com convicção que ter coragem significa expressar sua opinião em qualquer situação. **Nunca desista de sua voz ou permita que ela seja silenciada!**" Sarah acrescenta: "Coragem é a capacidade de seguir em frente. Trata-se de um poder interior a ser usado nos pequenos e grandes momentos do cotidiano e que permite que você faça coisas novas e diferentes que à primeira vista podem parecer desagradáveis ou assustadoras."

COMO SARAH PÕE EM PRÁTICA SUA RESERVA DE CORAGEM PARA EXPRESSAR SUAS OPINIÕES

- Ouça sua voz interior.
- Estabeleça seus limites.
- Exercite sua voz corajosa todos os dias. Não permita que ela lhe escape.
- Conheça a voz da sua coragem.
- Acredite na sua intuição e fique atenta a qualquer sensação de desconforto ou inadequação.
- Diga às pessoas o que lhe causa desconforto numa determinada situação.
- Desafie as coisas predeterminadas e estabelecidas.
- Proteste quando alguém a estiver menosprezando.

Sarah fica surpresa ao constatar que mulheres da sua geração (nascidas entre 1966 e 1981) não façam suas vozes mais presentes. Ela disse: "Os homens são treinados para comandar. Se tiver uma filha, vou querer que ela se valorize pelo que é e que exerça seus direitos com firmeza e serenidade. Não quero que ela se relacione com alguém – homem ou mulher – capaz de silenciá-la. Quero que minha filha tenha orgulho de ser mulher."

Sarah concluiu: "Quanto mais uso minha voz, mais corajosa fico. Isso não significa que vou ficar gritando a todo momento. Nós mulheres queremos apenas que as pessoas em torno de nós ouçam nossa voz. Sabendo que somos corajosas e que estabelecemos limites, elas nos respeitarão mais."

Você tem comportamentos corajosos?

Ao ler essas histórias de coragem, você identificou alguns traços da sua personalidade? Descobriu também quais são as características que gostaria de conquistar? Tenha em mente que a verdadeira coragem moral decorre de você fazer aquilo que acha certo, para defender aquilo em que acredita. Então, o primeiro passo é saber com clareza quais são suas crenças e seus desejos. É muito fácil adotar as crenças e opiniões da maioria, sem uma consulta maior àquilo em que realmente acreditamos. Mais arriscado ainda é ficar respondendo às expectativas alheias ou dependendo da avaliação dos outros para saber o que achamos de nós mesmos.

O medo da rejeição ou da desaprovação por parte dos outros inibe fortemente a mudança. É preciso coragem para assumir uma posição. É preciso coragem para afirmar sua verdade ante uma figura de autoridade. É preciso coragem para enfrentar a injustiça lutando contra ela abertamente. É preciso coragem para não negar e enfrentar uma doença ou uma perda. É preciso coragem para continuar tendo fé quando a esperança parece ter desaparecido e para continuar forte e determinada quando nada parece dar certo. É preciso coragem para reconhecer fraquezas e vulnerabilidades e admitir que se tem medo.

Não se conforme nunca em não ter uma vida satisfatória. Há momentos na vida em que os acontecimentos externos nos fazem sofrer, mas se a sua auto-imagem é nítida e positiva você atravessará e enfrentará esses momentos com mais serenidade e força. **Uma auto-estima forte que irradia coragem tem um incrível poder transformador.** Quando você age com seu coração, abastece suas reservas de coragem. Ouse correr riscos. Conte com sua coragem.

QUARTA PARTE

Ação

A AÇÃO QUE VEM DO SEU CORAÇÃO

A coragem é a força que molda sua vida. É uma parte inata da natureza feminina, apesar de os costumes sociais, os sistemas estabelecidos e as tradições terem tentado distorcer este fato. **As reservas de coragem de uma mulher constituem um recurso que está sempre se renovando e que impulsionam suas transformações.** O seu potencial de coragem, assim como o de compaixão, esperança, sabedoria e confiança, aumenta à medida que você recorre a ele. Quando o seu potencial de coragem é estimulado, ocorrem mudanças internas, seu caráter é reforçado, e você adquire um controle maior para enfrentar cada obstáculo de sua vida.

A ação corajosa pode ser tanto verbal quanto física. A linguagem também é uma força poderosa que molda sua vida. Assim, se você quer se reinventar e reforçar sua coragem, pode começar uma mudança simplesmente ficando atenta à sua linguagem. Se você identificar e valorizar elementos de coragem exercidos através da linguagem, vai se sentir mais corajosa.

escolha consciente
+
linguagem
+
ação que vem do coração
=
CORAGEM

CAPÍTULO NOVE

A linguagem da coragem

As palavras são uma forma de ação capaz de produzir mudanças.

Ingrid Bengis

MUDE SUAS PALAVRAS, MUDE SUA VIDA

Paus e pedras podem quebrar meus ossos, mas as palavras nunca poderão me atingir. Este velho ditado é falso. As palavras podem nos atingir. A linguagem que você usa habitualmente pode perpetuar o comportamento que você está tentando mudar.

"É através da linguagem que criamos o mundo, porque ele nada é enquanto não o descrevemos. E a forma como vemos e descrevemos o mundo comanda nossas ações. Em outras palavras, **"não descrevemos o mundo que vemos, mas podemos ver o mundo que descrevemos"**. Assim escreveu Joseph Jaworski em *Sincronicidade: O Caminho Interior para a Liderança.*

"Nossa linguagem e nosso sistema nervoso se combinam para construir permanentemente o ambiente em que vivemos", diz Jaworski. "Só podemos ver aquilo de que falamos. A linguagem fornece um outro par de olhos e de mãos para o sistema nervoso, através dos quais coordenamos nossas ações com os outros. Existimos na linguagem."

Se examinarmos nossa linguagem, verificaremos que ela expressa os padrões de pensamento dos quais decorrem nossas atitudes e comportamentos. A linguagem pode libertar-nos ou aprisionar-nos. Quando usamos os termos *dependência* ou *docilidade feminina*, estamos nos rotulando. Quando nos referimos a outras mulheres como "fofoqueiras" ou "peruas", estamos desqualificando não apenas uma pessoa, mas nosso próprio sexo.

Quando somos capazes de expressar nossos pensamentos, desejos e sentimentos através da linguagem, libertamos nosso espírito. Quando você diz a uma mulher que sua atitude é corajosa, quando usa a palavra "coragem" para descrever a energia feminina, reconhece na mulher a presença desta força única. Depois, ao enfrentar um desafio, a palavra "coragem" virá à sua mente e determinará a escolha do comportamento que você deseja adotar para atingir um resultado. **Falar em voz alta palavras como coragem, força, energia irá estimular seu poder inato de fazer as melhores escolhas para a sua vida.**

Colocando a linguagem em ação

Você deseja mudar o contexto de sua vida, vencer e conseguir realizar as aspirações mais capazes de lhe trazer felicidade. No entanto, em nossa sociedade, poucas são as mulheres que se identificam como corajosas. Elas não conseguem compartilhar com outras este sentimento de coragem simplesmente porque não o reconhecem em suas ações. Esta dificuldade é reforçada por uma sociedade que premia o tipo de coragem exibido em fatos fisicamente heróicos, ignorando os tipos de coragem relatados pelas mulheres. Enfrentar o desconhecido, rebelar-se contra o abuso e a injustiça, defender suas crenças ou escolher seu próprio caminho não são coisas enaltecidas ou estimuladas. Mas não faz mal. As mulheres podem ir conquistando seu espaço e afirmando sua coragem a partir da mudança de sua linguagem.

Recentemente uma mulher me contou que a doença de seu

marido voltara depois de um ano de recuperação, e que os médicos só lhe davam alguns meses de vida. Quando ela acabou de contar a dor da situação, eu comentei: "Você está enfrentando essa perda de modo muito corajoso." Ela me respondeu dizendo que na verdade não era corajosa, que estava apenas fazendo o que precisava fazer – sacrificar-se por um ser amado.

Contei esta história para a Dra. Bookman, professora de linguagem e psicologia na Universidade de Colorado, que está acostumada com esta reação por parte das mulheres. Ela terminara seu trabalho de pós-doutorado na Universidade de Harvard, estudando com a Dra. Carol Gilligan, figura da maior importância na pesquisa do desenvolvimento da moralidade entre meninas e mulheres. A Dra. Bookman me contou que, numa determinada etapa de seu desenvolvimento moral, as meninas e as mulheres atravessam um estágio de auto-sacrifício. Este estágio tem um traço cultural que pode ser chamado de "bondade feminina": ele afirma que uma mulher boa é aquela que se sacrifica. Dá o exemplo de uma mulher que sempre diz "Não se preocupe comigo, qualquer coisa que você resolver está bem". Esta afirmação deixa subentendido que essa mulher não tem preferências nem desejos.

A mulher que expressa suas preferências e seus desejos, em vez de dizer "qualquer coisa que vocês quiserem está bem", é geralmente rotulada de controladora e autoritária. A Dra. Gilligan comenta como esses estágios de auto-sacrifício muitas vezes se mantêm até a idade madura. A Dra. Bookman esclarece: "Não queremos sugerir que, como mulheres, deixemos de nos interessar pelos outros, tornando-nos egoístas, pensando somente em nós mesmas. Pelo contrário, **conservando seu interesse pelos outros, com a maturidade a mulher não precisa se sacrificar para agradar e ser aceita.**"

As palavras que uma mulher escolhe para expressar suas necessidades e sentimentos ajudam a definir sua auto-imagem e a qualidade de sua vida. As palavras que usamos para nos expressar podem tanto nos fazer submergir e até mesmo nos levar à negatividade quanto nos elevar para o amor, o entusiasmo e a alegria. As palavras têm uma vibração diferente dos pensamentos e dos sentimentos. Quando você aprende a ouvir atentamente as outras pessoas, vai descobrir diferenças tremendas na percepção da realidade e será capaz de avaliar o impacto dessas diferenças na comunicação e na forma de agir.

Em meus seminários e treinamentos práticos de coragem percebo como a experiência interna de uma mulher se reflete em sua linguagem. O processo me obriga a ouvir como ela se descreve – aquilo que ela enxerga em si mesma e o que não consegue ver. Também ouço as metáforas que ela usa para se definir e as que escolhe para descrever seu mundo subjetivo. Muitas vezes observo que uma mulher encara como um problema uma situação que eu vejo como um estimulante desafio.

Freqüentemente as mulheres se vêem através dos olhos daqueles que desvalorizam suas contribuições, e muitas aceitam cegamente o mito de que não são capazes de enfrentar suas vidas com coragem. Permitir que estes conceitos floresçam significa deixar de reconhecer nosso verdadeiro valor e nossas potencialidades. Se partirmos do princípio de que não podemos mudar as coisas, iremos viver reagindo aos acontecimentos, em vez de tomarmos iniciativas. **Ao assumirmos uma auto-imagem corajosa, baseada na nossa capacidade concreta de enfrentar desafios, podemos promover mudanças positivas, saindo de uma atitude resignada para uma postura de escolhas estimulantes e capazes de nos trazer maior gratificação pessoal.**

Se você ficar vendo novelas de TV ou ouvindo as letras das canções populares, vai perceber que o sofrimento é glamourizado. Amantes apaixonadas falam de seus corações sofredores, e mulheres enganadas sucumbem ao desespero. Isto sugere que os corações sofredores nunca têm cura e cria "um quadro de expectativas" escolhido por algumas mulheres como modelo para o seu próprio comportamento. Essas expectativas fazem com que você reaja do mesmo modo que os personagens de ficção – geralmente para sua própria desgraça.

Uma das mais importantes mudanças culturais que ocorreram nos últimos cinqüenta anos foi que as mulheres aprenderam a usar a linguagem para ajudá-las a agir de acordo com suas convicções. Vamos procurar construir o novo milênio sobre essas bases.

Fixação no sofrimento

Pergunte a si mesma: Será que meu sofrimento é um problema pessoal ou estou arrumando uma maneira de sofrer? Sua linguagem vai lhe revelar a verdade.

A Dra. Caroline Myss, em *Anatomia do Espírito*, escreve que muitas pessoas "construíram suas vidas em torno de seus sofrimentos e do modo como os aceitaram. Não estão investindo para superar suas feridas".

Durante os períodos de sofrimento, minha voz de coragem escolhe palavras como *dor* ou *melancolia* para mostrar minha vulnerabilidade. Recentemente fui traída por alguém em quem confiava. Uma amiga muito querida me contou que meu parceiro estava envolvido com outra mulher. Agradeci à minha amiga por ter tido a coragem de me dizer a verdade, mas o choque dessa traição fez com que eu sentisse como se tivesse sido atingida por um raio. Percebi que tinha duas alternativas: entregar-me ao desespero que sentia, e sucumbir, ou ir em busca da minha reserva de coragem para transcender meu sofrimento, encarando a perda em potencial e procurando maneiras de superá-la.

Foi o que fiz. Não foi fácil nem rápido e houve várias recaídas. Mas a palavra "coragem" ecoava em meus ouvidos, assim como as histórias que eu ouvira nas entrevistas, e isso me dava alento para prosseguir no processo de superação. Hoje, que a ferida está curada – resta apenas uma cicatriz –, me dou conta do quanto cresci e me fortaleci ao optar pela coragem.

Muitas vezes temos que ser sacudidas por um choque para podermos progredir, porque não estamos num movimento de mudança. Ficamos presas numa situação e aceitamos rótulos. Dizemos a nós mesmas, mesmo que inconscientemente: "Sou fraca, sozinha e ninguém me ama." Este tipo de comportamento que nos desvaloriza é comum. Só que alguns são mais evidentes do que outros.

Linguagem é ação

Durante os anos em que entrevistei mulheres para escrever este livro, usando técnicas de relacionamento interpessoal e fazendo treinamentos para desenvolver a coragem, tomei agudamente consciência da importância da linguagem. Aprendi como os seres humanos interagem com o mundo usando a linguagem para descrever o ambiente em que vivem.

As palavras que escolhemos para usar em nossas conversas evidenciam a forma como interpretamos o mundo e, conseqüentemente, como reagimos a ele. Mudando as palavras, ou sua interpretação, podemos modificar o comportamento.

Considere a diferença entre estas três simples palavras: *desencorajado*, *coragem* e *encorajar*. O dicionário *Webster* define desencorajado como "desprovido de coragem, esperança ou confiança, desesperançado". Encorajar significa "inspirar coragem, esperança, confiança, estimular, favorecer". A definição de coragem é "bravura; enfrentar ou lidar com o perigo". Talvez, ao usar estas três palavras, não percebamos a influência profunda que a forma como as interpretamos tem sobre nosso comportamento. **Uma**

distorção na interpretação das palavras provoca uma distorção no comportamento.

Suas palavras criam sua realidade. Quando você fala, está agindo. Palavras, frases ou afirmações provocam ações. Promessas, declarações ou palavras de persuasão provocam ação. A ação provocada pode ser tanto física quanto verbal. No livro *How We Do Things with Words* (Como fazemos as coisas com palavras), J. L. Austin demonstra como usamos automaticamente as palavras como um meio de conseguir que as pessoas façam as coisas para nós, para nos aproximarmos e conquistarmos as pessoas, para convencê-las a comprar nossos produtos, com resultados tanto positivos quanto negativos.

Quando seu "automático" quebra

No nosso cotidiano fazemos a maior parte das coisas automaticamente, sem maiores reflexões. É só quando há uma quebra na rotina que somos obrigados a parar para decidir o que vamos fazer. Por exemplo, você dirige seu carro automaticamente, quase sem pensar. Quando dirige, você está agindo, mas não necessariamente pensando sobre o que está fazendo. Uma "quebra" acontece quando de repente você é retirada da sua ação "automática" – por exemplo, quando fura um pneu.

Uma quebra é um acontecimento que faz com que você entre em contato com as circunstâncias do momento. A quebra oferece a oportunidade de você refletir sobre o momento, procurar descobrir a causa do incidente e encontrar uma solução. O programa Linguagem em Ação demonstra que em qualquer país, em qualquer língua, quando fura um pneu, a reação do motorista é "Oh, m...! Por que eu?". Esta quebra é um chamado para a ação – uma oportunidadc para revelar seu comportamento, em vez de deixá-lo no piloto automático.

Investir na coragem exige que você escolha uma ação diferente diante dessas quebras que interrompem sua rotina. As reações que temos no nosso cotidiano são automáticas e têm origem em nossos padrões inconscientes. Durante a maior parte da vida, ante um incidente inesperado, costumamos nos perguntar: "Por que essas coisas sempre acontecem comigo?" ou "Pobre de mim, por que tenho sempre este azar?". Essas reações não nos levam a nada, a não ser nos colocar no papel de vítimas paralisadas diante dos problemas. Se, em vez disso, nos perguntarmos "O que posso fazer para enfrentar essa dificuldade?", ou nos dissermos "Vou dar um jeito nisso, nem que precise pedir ajuda", estaremos nos abrindo para novas possibilidades. **Quebras na rotina criam saídas e promovem mudanças.**

Quando tentamos compreender por que alguma coisa aconteceu, não adianta ficar procurando justificativas no passado. Justificativas não servem de nada, porque não nos levam a soluções. E pensar no passado só é útil quando procuramos as lições que ele contém para podermos seguir em frente de forma diferente, procurando evitar a repetição de comportamentos antigos e ineficazes.

Evitando prejuízos provocados pela linguagem

A linguagem improdutiva e prejudicial pode ser evitada se você ficar mais atenta. Talvez você não se dê conta, mas o convívio com pessoas que sempre expressam sentimentos negativos – desânimo, pessimismo, prognósticos sombrios – pode lhe fazer mal e conspirar contra a sua coragem. Da mesma forma, há pessoas que usam palavras que lhe causam incômodo ou depressão, provocando vergonha, culpa, e diminuindo sua auto-estima. Depois de estar com elas ou de ouvi-las, você vai notar como seu humor se alterou.

Quando essas situações ocorrem, tenho dificuldade em pedir ajuda. Já me perguntei por que isso me acontece. Acho que meu medo vem de julgamentos infundados que começo a fazer a meu respeito. Percebo, por exemplo, que acho que, se pedir ajuda, vão me considerar menos independente. No entanto, se não peço ajuda, atraso o desenvolvimento pessoal, o crescimento, a possibilidade de viver amorosamente. **Se quiser conseguir um modo diferente de viver, tenho que querer fazer mudanças no meu comportamento e na minha linguagem.** Só posso conseguir uma vida diferente se decidir me expor. Quando fui traída, me dei o direito de ser vulnerável. Pedi ajuda a meus amigos para superar uma fase difícil, sem me preocupar em mostrar minha dependência. E essa mudança de comportamento foi maravilhosa, porque deu chance aos amigos de mostrarem sua solidariedade generosa e me fez crescer.

Novos hábitos de linguagem ajudam a saúde emocional

O ato de falar faz alguma coisa nova acontecer. Para falar e lutar pelo que queremos precisamos de coragem.

Nossos relacionamentos se estabelecem através das conversas que temos ou que não temos com as pessoas de nossas vidas. Podemos determinar a qualidade de nossos relacionamentos pela análise de nossas conversas. Como é que você faz em relação ao seu marido? Fica ressentida e comenta os erros dele com os outros, ou toma coragem e fala com ele diretamente? Pergunte-se: "Estou usando minha coragem para expressar meus sentimentos?", "Como é que me dirijo aos outros?", "Será que ponho a culpa no meu companheiro, em vez de tentar investir para melhorar nosso relacionamento?", "Vou procurar sempre falar a minha verdade para ajudá-lo a expressar a dele?". O comportamento ideal é tentar entender o que está acontecendo com o parceiro, sem querer projetar suas próprias razões.

Stephie, apresentada no capítulo anterior, uma liderança nacional nos problemas das mulheres empresárias, comenta: "As mulheres que não usam a palavra *coragem* perderam sua voz de coragem. Elas foram aprisionadas pela idéia de que as mulheres não devem ser corajosas. Esta idéia compromete a avaliação de qualquer comportamento, pois elas caíram na armadilha da 'moça boazinha' que não se insurge e se submete. Talvez, quando alguém tentar agredir seus filhos, elas reacendam a chama da coragem."

Afirmar-se é agir

Usar as palavras para esclarecer sua posição é o melhor que você tem a fazer. **Agindo assim você abastece sua reserva de coragem, o que a ajudará a encontrar sempre sua voz.** A linguagem é o elemento que nos aproxima e nos permite viver com os outros. Pense em resolver um problema com *diálogo* – com você ou com outra pessoa.

Diálogo vem do grego *dia* e *logos* e quer dizer "seguir adiante". David Bohm, um físico que conduziu seminários sobre diálogo, afirma: **"A capacidade de perceber ou pensar de modo diferente é mais importante do que a sabedoria que se adquire."** O diálogo nos permite examinar visões alternativas, diferentes da nossa, de modo que a voz que carregamos dentro de nós descubra uma nova visão e mude fundamentalmente de perspectiva. A mudança de perspectiva cria uma voz diferente e mais criativa, produzindo reflexões e expandindo o pensamento.

As palavras são um grande instrumento de transformação. O consultor W. Edwards Deming afirmou: "Nada acontece sem transformação pessoal." Transformações podem e realmente ocorrem quando as mulheres mudam a linguagem que dá forma às suas escolhas. A vida é um processo contínuo de transformação, de mudança no nosso modo de ser. Escolher uma nova linguagem que inclua a coragem significa reconhecer e assumir que a linguagem é ação. Nossas palavras criam nossa realidade.

A vida é uma experiência de permanente aprendizado. O produto do aprendizado é a capacidade de produzir ações que nos beneficiem. Desfazer aprendizados antigos que nos causaram prejuízo pode ser doloroso, porque talvez seja preciso admitir que estávamos erradas no nosso modo de ver anterior. Temos medo de admitir que não sabemos a resposta para o que nos perguntam, e nos sentimos muitas vezes intimidadas para perguntar o que não sabemos. Na escola, recebemos boas notas por boas respostas, não por boas perguntas. E, no entanto, é fundamental fazer perguntas para aprender e entender.

Como orientadora de coragem, estou interessada em saber quem você está se tornando, não o que você foi. Para poder ajudá-la, uma orientadora ou um terapeuta têm que entender o seu modo de ver as coisas, observando sua linguagem ao descrever seu mundo e suas experiências. Uma orientadora vai ajudá-la a se conhecer melhor para escolher com mais liberdade, fazendo você perceber as palavras que usa. Por exemplo, como é que você comunica decisões suas que possam frustrar uma amiga? Que palavras você usa, com que tom de voz? Estende-se em mil justificativas, expressa alguma culpa, ou simplesmente lamenta que tenha que frustrar a amiga e comunica uma decisão que manifesta o seu direito?

É preciso uma escolha consciente e uma ação efetiva para mergulhar em seu coração e no seu espírito se você quer saber quem é de verdade. Gostamos de viver com certezas, porque elas nos dão uma falsa segurança. A incerteza não é confortável, mas é inevitável quando você deseja mudar.

Entrar numa nova fase de conscientização requer um compromisso de fazer as mudanças necessárias. Tomar um caminho diferente requer ação. A ação é impulsionada quando você conscientemente escolhe os comportamentos ligados à coragem, como foi mostrado no impulso inicial (ver pág. 81). Quando você sentir a energia da coragem, sua maneira de estar no mundo não será mais a mesma.

CAPÍTULO DEZ

Escolha consciente

Se você segura sua vida com as próprias mãos, o que lhe acontecerá? Uma coisa terrível: você não poderá culpar ninguém.

Erica Jong

ANDANDO NA SUA PRÓPRIA ESTRADA

Retirada do conforto de sua casa, Dorothy embarcou num caminho de descobertas que a levou para a estranha Terra de Oz, do outro lado do arco-íris. Depois de matar sem querer uma bruxa malvada, recebeu agradecimentos de uma grata bruxa boa que lhe deu como prêmio os sapatos cor de rubi da bruxa malvada. Assim começou sua jornada de autoconhecimento. Perto do fim, ela conscientemente enfrentou e matou a pior vilã de Oz, a Bruxa Malvada do Oeste. Finalmente, depois de desvendar o segredo da realização pessoal, Dorothy descobriu que era a única pessoa que podia conseguir aquilo que mais desejava: encontrar o caminho de volta para casa.

Quando você vai andando pela sua estrada pessoal, aproveitará sua jornada cada vez mais à medida que for se tornando mais capaz de fazer escolhas livres. Talvez você não atinja rapidamente a sua meta, mas a capacidade de fazer escolhas conscientes vai lhe dar a segurança de que você estará mais madura e menos ingênua quando chegar lá. Uma mulher ingênua tem sempre a tendência de fazer escolhas limitadas.

A vida é, antes de tudo, uma jornada de conscientização, um estado de autoconhecimento crescente. William Jennings Bryan disse: **"O destino não é uma questão de sorte; é uma questão de escolhas. Não é algo que se espere acontecer; é algo que se conquista."**

A vida é feita sobretudo de incertezas, o que pode nos dar um sentimento de insegurança. Mas, quando nos conhecemos bem, somos muito mais capazes de enfrentar as incertezas, porque temos consciência de nossos próprios recursos. Em vez de optar pelo medo e insegurança diante das incertezas da vida, encare-as de forma positiva, sabendo que a sabedoria que adquiriu e a coragem que conquistou vão lhe dizer qual é a melhor coisa a fazer no momento da dificuldade e do desafio.

Não se adapte nem se acomode a uma situação que não a faz feliz. Espero que seu desejo de viver de uma maneira nova seja mais forte do que seu desejo de perseverar nas velhas defesas, repetindo as mesmas atitudes que não lhe trouxeram satisfação. **Chame a coragem que está dentro de você: ela será sua aliada nas transformações que você quiser realizar.**

Eu quero o que quero

A maior liberdade que existe na vida é a liberdade de escolha. O investimento mais importante e poderoso que você pode fazer na vida é em si mesma. Procure estar muito atenta para cada escolha que faz, de maneira a ir construindo uma vida mais feliz. **A capacidade de escolha é um dom precioso: quanto mais suas escolhas forem livres e conscientes, mais oportunidades de crescimento você terá.**

Carol S. Pearson escreve em *O Herói Interior*: "Em grande parte somos escravos das histórias que, inconscientemente, contamos para nós mesmos a respeito de nossas vidas. A liberdade começa no momento em que nos tornamos conscientes da armadilha em que vivemos e, com esta percepção, reconhecemos que podemos adotar uma outra história. Nossa experiência de vida é literalmente definida por nossas opiniões. Fabricamos histórias sobre o mundo e em grande parte vivemos estes enredos." Se você contar para si mesma que é uma pessoa dependente, amedrontada, para quem as coisas boas não costumam acontecer, é muito provável que a sua vida concreta reproduza a história que você contou. Mas se, ao contrário, você se descrever como uma pessoa que busca corajosamente a sua independência, que tem medo, sim, mas não se entrega a ele e busca vencê-lo com a sua coragem interior, e que existem lindas oportunidades à sua espera, sua jornada refletirá sua crença em si mesma. **Cuidado com as histórias que conta e com as palavras com que se descreve. Cuidado com as escolhas que faz.**

Em *Fazendo Escolhas*, Alexandra Stoddard escreveu: "Se quisermos tomar decisões difíceis que definem nosso caráter, decisões que vêm diretamente do coração, e também desejarmos assumir a responsabilidade pelas conseqüências de nossas ações, descobriremos que a escolha é que conduz nosso destino pessoal."

As escolhas se multiplicam em nosso cotidiano, desde o momento em que você decide se quer ou não sair da cama, o que tomar no café da manhã, que roupa vestir. Há situações inevitáveis: você tem que ir trabalhar, tem que levar as crianças para a escola, tem que fazer as compras do supermercado. Mas você pode escolher a forma de cumprir com essas obrigações. Uma amiga me contou: "Eu realizava essas tarefas diárias como um autômato, mal-humorada, muitas vezes me sentindo vítima. Até que um dia tive uma percepção abençoada: descobri que podia usufruir o convívio dos meus filhos enquanto os levava para a escola – afinal a vida passa tão rápido, logo eles vão estar grandes, independentes, e eu provavelmente vou sentir saudades das conversas no trajeto para a escola." Minha amiga fez uma escolha: sua atividade continuou a mesma, mas vivida de forma prazerosa e gratificante para ela e para os filhos.

Tensões e oportunidades aparecem o tempo todo no seu caminho. Quando você escolhe vivê-las de forma corajosa, fica impregnada com a energia feminina que lhe possibilita ir fazendo novas escolhas mais livres. Você vai se tornando mais capaz de falar o que quer, estabelecer seus limites, afirmar suas crenças.

Dentro da liberdade de escolher estão os dons que nos tornam eminentemente humanos: autoconhecimento, imaginação (a capacidade de criar em nossas mentes situações diferentes de nossa realidade presente), consciência (um profundo conhecimento dos princípios que regem nosso comportamento), vontade independente (a capacidade de agir baseada em nossa própria consciência, o mais possível livre de imposições externas). Quando você tem noção clara das suas prioridades e daquilo que faz você autenticamente – e não superficialmente – feliz e realizada, torna-se capaz de fazer as melhores escolhas para a sua vida. Escolhas que vêm do seu eu mais profundo.

Dorothy e o Leão Covarde caíram adormecidos no campo de papoulas porque a bruxa malvada jogou em cima deles um feitiço envenenado. **Muitas de nós andamos como sonâmbulas pela vida.** Ficamos adormecidas para o nosso verdadeiro eu. Em *O Mágico de Oz*, a fada boa acorda Dorothy e o Leão fazendo cair neve, para que eles continuem seu caminho até Oz. Mudar dá muito trabalho, mas traz imensas alegrias. Temos que acordar e fazer escolhas conscientes para seguir nossa própria estrada.

Energia feminina: Força com que se pode contar

Nossa energia feminina é o poder de nossos corações e nossos espíritos de escolher a coragem como um instrumento construtor da vida. Quando fazemos essa escolha, vamos deixando de depender da opinião ou da aprovação dos outros.

A escolha consciente implica assumir responsabilidade por cada gesto, palavra e atitude que você cria. Fazemos muitas coisas por hábito. Apertamos a buzina do carro, irritadas porque o sinal abriu e o motorista da frente continua parado. Saímos de uma festa falando mal dos anfitriões, repassamos uma fofoca sobre uma amiga comum, nos dirigimos de forma áspera a um empregado. Ainda que sejam inconscientes e automáticas, essas decisões afetam nossa vida. Fique atenta para esses gestos impensados e procure administrá-los fazendo escolhas conscientes. Gerenciar suas escolhas é um trabalho de tempo integral.

Joseph Jaworski, em *Sincronicidade*, disse: "Descobri que as pessoas na verdade não têm medo de morrer; elas têm medo de não terem vivido, por nunca terem pensado sobre o sentido mais elevado de suas vidas, ou nunca o terem procurado. Por nunca terem tentado fazer alguma diferença neste mundo."

Descobrir um sentido elevado para a vida requer coragem. Realizar este objetivo requer ainda mais coragem.

Viver com um objetivo significa não viver por acidente. Uma maneira de começar um processo de descoberta é simplesmente nos perguntarmos: "Qual é meu objetivo neste mundo?" e "O que quero fazer da minha vida?". As respostas podem não vir logo e talvez seja preciso repetir algumas vezes as perguntas, mas aos poucos você irá descobrindo o desejo do seu coração.

Talvez você tenha sentido um certo medo quando descobriu seu padrão de comportamento no capítulo sete sobre a "Autodescoberta", achando que mudá-lo seria muito difícil. Mas não se preocupe: as mudanças não se fazem de um dia para o outro e podem até levar toda uma vida. Mas o importante é o processo: se você quer de fato mudar seu padrão de pensamento e de comportamento, comece apelando para as reservas de coragem que estão dentro de você. Fique atenta, tome consciência dos seus gestos e das suas palavras, e vá introduzindo pequenas mudanças todos os dias. Se tiver uma ou muitas recaídas, não se preocupe: é natural, e você retoma de novo o processo, sempre recorrendo à sua coragem interior. Você vai se maravilhar com as mudanças que irão ocorrendo e isso lhe dará mais ânimo e estímulo para prosseguir.

Sue Patton Theole, terapeuta e autora de muitos livros, me concedeu uma entrevista. "Não importa o quanto possamos aprender da linguagem da coragem e o quanto mudemos nosso comportamento, não tenho certeza de que ficaremos totalmente corajosas para viver no nosso tempo. O medo está misturado em cada fibra de nosso DNA, talvez desde a era do fogo." As mulheres foram torturadas no tempo das fogueiras, e sua coragem foi apagada do mundo. As mulheres foram formadas para desconfiar umas das outras. Diz ela: "Mas acho que uma das coisas mais corajosas que podemos fazer é compreender que teremos que reescolher, reescolher e reescolher para agir conscientemente de maneira diferente. De vez em quando vamos nos alegrar: 'Ei, acabo de agir de outra maneira!' Nesse momento vamos nos cumprimentar por esse novo comportamento, para podermos repeti-lo quando circunstâncias ou sentimentos semelhantes aparecerem." Desta maneira, nós mulheres poderemos apagar a desconfiança que ficou marcada em nossas almas pelo sofrimento e voltar a acreditar em nós mesmas. **Amarmos umas às outras é tudo o que temos tempo de fazer.**

Quero meu sonho de volta

Quando garota, você sonhou com o seu futuro. Mas a vida levou você por outros caminhos bem diferentes dos sonhos da infância. Quando isso aconteceu, para defender-se talvez você tenha se tornado amarga, orgulhosa, pouco solidária. Todas essas atitudes interiores se refletem na sua realidade exterior e vão construindo sua trajetória. No momento em que você escolhe mudar, é preciso ir abrindo mão dessas características que se expressam nas suas palavras, gestos e atitudes. Você passará a se ver de uma nova maneira, mais cheia de compaixão, generosidade, coragem para refazer suas escolhas. Cada dia contribuirá de modo significativo para uma nova visão de toda a sua vida.

Você verá que, à medida que usar sua coragem para escolhas que conduzirão a uma vida mais satisfatória, seu comportamento produzirá um impacto significativo na vida de suas filhas, sobrinhas, alunas, ou quaisquer outras mulheres com quem você convive. Ao recuperar o significado original da coragem – agir segundo seu coração –, certamente você irá reforçar sua capacidade de viver um dia-a-dia mais satisfatório.

As faces da coragem

A coragem exibe quatro faces diferentes:

1. **Coragem é um escudo invisível** do coração que nos oferece escolhas para criarmos nossas vidas. Pode ser convocada quando enfrentamos qualquer tipo de situação.

2. **Coragem é uma proteção** disponível que nos dá força para agir do modo que desejamos.

3. **Coragem é um apoio** que nos sustenta ao longo da vida. Contar com ela nos dá a segurança de poder escolher entre várias alternativas para guiar nossa vida na direção desejada.

4. **Coragem é uma ferramenta** forjada pelo coração para nos ajudar a enfrentar as dificuldades que aparecem na vida.

As faces da coragem mudam de acordo com as circunstâncias de nossa vida. No terceiro capítulo, você leu a respeito da experiência militar de Myrna. No exército, ela usou a coragem como um escudo para se proteger do sofrimento humano que estava presenciando. Depois, ela enfrentou um novo desafio – a maternidade – e mais uma vez mobilizou sua coragem para apoiá-la neste novo desafio. Apesar de serem diferentes, em ambas as experiências o medo e a ansiedade apareceram. Na maternidade ela se perguntava constantemente: "Estarei alimentando minha filha direito?", "Serei capaz de tomar conta dela?", "Estarei interpretando corretamente seu choro?". Myrna sentia-se extremamente ansiosa, especialmente quando não conseguia descobrir a razão do choro da filha.

Myrna decidiu apelar conscientemente para sua coragem. Disse ela: "Eu poderia continuar remoendo dúvidas, achando-me incompetente para assumir essa nova responsabilidade, ou ser corajosa e fazer o melhor que pudesse." Procurou descobrir qual era a voz interior que a enchia de insegurança. E ficou muito claro para ela que era o momento de fazer uma escolha: ser corajosa ou entregar-se ao desânimo. "Mas havia dias em que o cansaço era tal, em que o bebê chorava tanto, que tudo o que eu queria era sentar no colo de alguém e chorar com minha filha. Nesses dias, eu fazia uma nova escolha: 'Hoje não quero ser corajosa. Vou pedir ajuda porque não estou agüentando.' Mas fazia isto conscientemente! Ser ou não corajosa é uma escolha. **Quando você escolhe exercer sua coragem, pode contar mais com você.**"

Myrna aprendeu a reconhecer suas emoções e os efeitos delas em suas escolhas. Tornou-se capaz de identificar os passos que precisava dar para melhorar sua situação, como pedir ajuda a seu marido. Conhece sua força e seus limites. Tem determinação e interesse em desempenhar suas funções. Estas decisões formam o conjunto da coragem. Myrna diz: "Quando decido ser corajosa, sei o que quero fazer. Sei que há obstáculos, mas minha coragem vai me ajudar a atravessá-los." Os dois componentes da coragem para ela são autoconhecimento e escolha.

Mesmo trabalhando em horário integral, Myrna está se formando numa escola para terminar sua graduação como orientadora e ainda encontra tempo para cuidar da filha. Ela reconhece que é trabalho árduo, mas apela para sua coragem quando a situação fica difícil. E pretende, com seus atos e palavras, estimular a coragem na filha, porque acredita que utilizando a coragem se constrói uma vida mais feliz.

Como Dorothy em Oz, quando viajamos pela estrada incerta da vida, atentas às lições que aprendemos a cada nova experiência, podemos ativar nossa energia feminina inata que nos permite enfrentar os desafios e responder de modo adequado às oportunidades e aos desafios. Não queremos cair dormindo num campo de papoulas e depois lamentar que perdemos nossa grande oportunidade. George Konrad disse: **"A coragem é apenas a soma de pequenos passos."** No fim da jornada, nossas palavras, nossas escolhas e nossas ações irão mostrar que seguimos nossos corações.

CAPÍTULO ONZE

A integração da coragem

Lembre-se sempre de que você não só tem o direito de ser uma pessoa assumida como tem a obrigação de sê-lo. Você não pode dar uma contribuição efetiva na vida a menos que faça isto.

Eleanor Roosevelt

EDUCANDO SUAS FILHAS PARA SEREM CORAJOSAS

No capítulo oito você leu sobre mulheres que lutaram e conseguiram usar a coragem em suas vidas cotidianas. Muitas dessas mulheres foram rejeitadas ou criticadas por não se adequarem aos papéis estereotipados impostos às mulheres no que diz respeito ao trabalho, à casa, à força ou vulnerabilidade e à competição. No entanto, elas escolheram ações corajosas para atingir seus objetivos. Cada uma é a prova viva de que criar uma experiência nova leva à realização pessoal.

Muitas das mulheres entrevistadas não só aprenderam a ser corajosas através de suas próprias experiências como foram encorajadas por outras mulheres. Foi através de uma avó, mãe, irmã, professora ou amiga que muitas mulheres receberam ajuda para encontrar suas próprias vozes. Ao encontrarem e expressarem coragem, ficaram aptas a passar esta sabedoria para outras, especialmente suas filhas.

Como mulheres adultas, temos uma incrível oportunidade de transmitir às nossas filhas a coragem que acumulamos durante a vida e ajudá-las a apelar, em suas lutas, para as próprias reservas de coragem. As jovens vivem num mundo completamente diferente daquele em que fomos criadas. Apesar dos movimentos feministas, elas estão vivendo numa época ainda mais dura do que a nossa. São muitas as expectativas e exigências, e os problemas como drogas, AIDS e níveis maiores de violência se multiplicam.

Feminilidade versus feminismo

Apesar de as mulheres estarem sendo educadas para se tornarem mais afirmativas e confiantes, ainda permanecem inseguras a respeito de sua feminilidade. Elas se perguntam: "Se faço valer meus direitos, posso continuar sensível?", "Posso ser delicada e continuar sendo levada a sério?", "Diminui a feminilidade ser feminista?".

Nas suas turmas de graduação na Universidade do Colorado, a Dra. Bookman afirma que o feminismo não pretende colocar os homens contra as mulheres. "É importante distinguir entre feminismo e feminilidade, e saber que não se trata de uma competição entre os homens e as mulheres", ela sustenta. "A feminilidade convencional – dependência, falta de coragem e submissão – exige uma renúncia dos próprios direitos. O feminismo pretende mudar esses atributos que inferiorizam a mulher. No entanto, apesar de as mulheres estarem entrando no mercado de trabalho e assumindo funções desempenhadas pelos homens, não vejo nenhuma indicação clara de que alguma coisa esteja realmente mudando. As mulheres não são automaticamente feministas. Precisam ser informadas sobre isto."

A Dra. Bookman observou o seguinte: "Quando estudantes do sexo feminino começam um trabalho com 'Eu não sou uma feminista, mas...', elas estão definindo o feminismo como a igualdade dos sexos, e por isso o rejeitam. Elas não aceitam o termo porque não querem ser igualadas aos homens", diz a Dra. Bookman. "Elas querem ao mesmo tempo ser consideradas femininas e defender seus direitos, o que as deixa confusas. Mas, tenha certeza, o feminismo não está morto."

De fato, a luta continua. Mary Pipher escreve em *O Resgate de Ofélia: O Drama da Adolescente no Mundo Moderno*: "O conceito de feminino em que as meninas foram treinadas as fazia abrir mão de suas individualidades. Elas foram sempre avaliadas por sua aparência e envolvidas por uma imensa quantidade de mensagens duplas: vençam, mas não demais, sejam educadas, mas sejam autênticas, sejam femininas, mas determinadas, e assim por diante. **As meninas são treinadas para serem menos do que realmente são.** São treinadas para serem o que a cultura quer de suas jovens mulheres, não para serem quem elas próprias desejam ser."

A feminilidade não é um assunto exclusivo das mulheres. À medida que os homens se permitirem aceitar o poder do "feminino" dentro deles e em nossa cultura, as barreiras existentes entre os sexos cairão, e feminino e masculino se integrarão, complementando-se. Os homens poderão contar com a coragem feminina como um elemento construtor e transformador do indivíduo, da família e da comunidade como um todo.

Como as meninas podem realizar todo o seu potencial?

Fica especialmente difícil para as mulheres conseguirem realizar seu potencial pleno quando os exemplos e conselhos das mulheres mais velhas se baseiam em suas antigas experiências e refletem a cultura submissa e amedrontada de sua juventude. Portanto, é importante transmitir para as meninas comportamentos identificados com a coragem.

Jan, a mãe do capítulo oito que enfrentou abuso, usou a palavra *coragem* com seus filhos até mesmo para pequenas coisas. Ela contou: "Com meus três garotos, uso a palavra *coragem* quando estão se preparando para jogar futebol ou quando vão fazer provas. Algumas vezes uso a palavra quando eles têm que lidar com figuras de autoridade, como, por exemplo, professores. Quando minha filha Emily concorreu a representante de classe, transmiti-lhe meu sentimento de que é preciso coragem para se candidatar a um cargo, porque se corre sempre o risco de ser rejeitada."

A maioria das mulheres entrevistadas achou que o apoio dos pais era importante para a integração da coragem. Quando suas filhas demonstravam coragem em determinadas circunstâncias, elas sempre as aplaudiam e estimulavam. Quando atos de coragem são estimulados, eles tendem a se repetir.

Karen, apresentada pela primeira vez no capítulo três, afirmou: "Nem todas as pessoas têm a capacidade de buscar dentro de si mesmas a coragem de que necessitam em determinadas situações. Os pais e professores precisam identificar os momentos em que é necessário apelar para a coragem e apoiar os jovens nessa busca. Minha mãe foi uma figura extremamente importante no desenvolvimento da minha coragem. Muitas vezes eu não percebia que minhas escolhas estavam sendo corajosas. Renunciei a um lugar no conselho de classe porque não concordei com o tratamento que era dado a meninas menos favorecidas do que eu. Foi um movimento espontâneo, não achei que estivesse sendo especialmente corajosa, e fico satisfeita por minha mãe ter me ajudado a perceber isto."

As meninas precisam desse tipo de estímulo. **Ter um modelo familiar ou alguém que as oriente ajuda a construir uma base de apoio** que permite que uma menina deixe uma situação de conformismo e submissão e valorize uma forma corajosa de viver seu cotidiano. Se não for assim, ela será levada a encarar a coragem da forma tradicional – fatos heróicos ou audaciosos, tais como salvar alguém do perigo ou lutar numa guerra.

Comece quando elas são jovens

A Dra. Jane L. Bilett, psicóloga infantil e terapeuta competente especializada em problemas das mulheres, acha que a educação deve ser dirigida e intencional, e não feita ao acaso. Com trinta anos de carreira, a Dra. Bilett esteve sempre consciente do impacto de seus atos no desenvolvimento futuro de seus dois filhos, o primeiro que nasceu quando ela tinha trinta e cinco anos, e uma filha, três anos mais tarde. Diz a Dra. Bilett: "Quando minha filha tinha seis meses de idade, ela conseguia subir numa rampa engatinhando. Eu poderia impedir que ela o fizesse, dizendo 'não, não', e transmitindo para ela uma mensagem negativa de que essas tentativas eram muito perigosas. Com nove meses ela andou, e com dezoito já se equilibrava na ponta dos pés em barras de madeira e pulava de pranchas de mergulho. Ao enfrentar cada um desses desafios, ia descobrindo que conseguiria fazer o que quisesse se corresse riscos. É claro que eu estava por perto, atenta, para dar o apoio que fosse preciso, mas deixava-a tentar até descobrir a melhor maneira. Consegui passar para ela a noção de que superar obstáculos e desenvolver habilidades não era tão complicado."

A Dra. Bilett me contou que continuou estimulando a independência e o respeito próprio de sua filha. Quando ela tinha seis anos, os meninos de seu colégio começaram a levantar a saia das meninas no playground. A menina inicialmente se intimidou, mas, estimulada pela mãe, reagiu, primeiro verbalmente, depois fisicamente, sendo imitada por quase todas as outras. Quando a diretora da escola veio se queixar da violência da menina, a Dra. Bilett reagiu apoiando a filha e mostrando à diretora que aquilo que ela chamava de violência nada mais era do que uma resposta à violência maior cometida pelos meninos. Mãe e filha tiveram coragem de confrontar-se com a diretora, afirmando que a menina tinha o direito de se proteger do modo que julgasse necessário.

A Dra. Bilett não se preocupa excessivamente com sua filha nas festas de adolescentes. Acha que ela aprendeu desde os seis anos que pode fazer o que for preciso para se proteger. "Uma menina de dezesseis anos estará mais apta a se proteger se tiver treinado sua capacidade de fazê-lo desde os seis."

Se uma menina desenvolve uma imagem positiva de si mesma quando pequena, estará mais preparada para tomar conscientemente decisões saudáveis pelo resto da vida. **Para desenvolver a coragem, a força e a determinação é preciso correr riscos e enfrentar obstáculos desde cedo.** A Dra. Bilett diz: "Você não cultiva uma flor sem preparar o terreno, plantar a semente e adubar a terra."

A Dra. Bilett contou que na sua clínica percebe uma evidente falta de coragem nas mulheres. Diz ela: **"Um número incrível de mulheres não tem a menor noção de quem são e do que é importante para elas.** A maioria das mulheres que estou acompanhando nas terapias preenche as necessidades de outras pessoas perfeitamente, mas não conhece suas próprias necessidades e não sabe quem são. Elas são satélites dos outros, não têm luz própria."

Essas mulheres precisam de muita coragem para desenvolver sua auto-estima. Com trinta e cinco anos de idade, muitas se sentem deprimidas. Como seu sentimento de auto-estima nunca foi desenvolvido quando eram mais jovens, ficam seriamente infelizes com a pessoa que se tornaram. Diz a Dra. Bilett: "Auto-estima é o sentimento oposto ao que nos leva sempre a perguntar:

'O que os vizinhos vão pensar?'" Na sua clínica, a Dra. Bilett explicou muitas vezes às suas pacientes: "Meninas criadas num ambiente em que apenas os valores aparentes contam nunca recebem o treinamento de caráter que estimula a coragem; portanto, como podem possuí-la quando adultas?"

Homens apoiando as mulheres

Perguntei a várias mulheres como é que elas poderiam conseguir que os homens as apoiassem em épocas difíceis.

A Dra. Myra Bookman disse: "Escolha cuidadosamente o homem com quem se relacionar, pois em alguns não adianta investir, porque dificilmente vão mudar. Essa escolha é mais difícil no ambiente de trabalho, onde muitas vezes somos obrigadas a conviver com pessoas desagradáveis. A primeira coisa a fazer é ter muita consciência de si mesma e de seus direitos. Depois, reagir sempre que houver desrespeito, mesmo que não seja intencional. Nunca deixar passar uma referência pejorativa a qualquer mulher, ou uma atitude que as menospreze. Se a colega de trabalho não conseguir reagir, estimule-a a fazer isso, ou proteste em nome dela. Não proteste de forma violenta, de preferência tente conversar, mostrando para o ofensor a discriminação que existe em suas palavras ou atitudes. Você estará fazendo um favor a ele. Infelizmente, se uma pessoa tem valores muito arraigados sobre o que as mulheres e os homens devem ser, você terá um grande problema nas mãos. **Vai ser preciso coragem para falar claro e estabelecer limites.**"

A Dra. Jane Bilett observa: "É interessante perceber que as mulheres têm mais dificuldade em ser corajosas quando estão lidando com homens. Neste sentido, os pais podem desempenhar um papel importante, estimulando suas filhas a serem corajosas e até a se insurgirem contra eles. Seria bom que a mãe pedisse ao pai que se envolvesse desde bem cedo no desenvolvimento da coragem das filhas. Ele estaria ajudando a filha e estaria sendo ajudado, pois, ao estimular a coragem de uma mulher, ele começaria a vê-la de forma diferente." A Dra. Bilett insiste: "A coisa mais essencial que podemos fazer é nos apoiarmos umas às outras, unidas de modo consciente para estimular, aumentar e nos congratularmos mutuamente quando mostrarmos coragem. Os homens precisam aceitar a escolha de uma mulher como a escolha de alguém igual a eles."

A Dra. Catharyn Baird, professora de administração, trata de problemas de atitudes e de discriminação entre os sexos no ambiente de trabalho. Ela criou seus filhos – dois meninos e duas meninas – numa perspectiva de igualdade de direitos entre os sexos. Ela comenta: "É incrível como mesmo as mulheres mais conscientes manifestam em suas atitudes uma deferência em relação ao homem. Muitas vezes elas conversam com os homens que são importantes em suas vidas fazendo perguntas, como se pedissem licença, em vez de estabelecerem um diálogo de igual para igual. A diferença entre perguntar e afirmar é muito sutil.

"Comigo mesma aconteceu isso. Há alguns anos, resolvi deixar de ensinar para tornar-me escritora. Em vez de discutir com meu marido sobre esta decisão, perguntei se ele achava que eu era uma boa escritora. Meu marido achou a pergunta estranha, mas respondeu dizendo que achava que eu escrevia bem. Levei dois dias para voltar ao assunto, e foi preciso tomar coragem para perguntar se ele me apoiaria durante o assustador processo de mudança de carreira. Desta vez ele respondeu afirmativamente: 'Sim, pode contar comigo.' Depois disso eu fiquei pensando: por que é tão difícil formular diretamente uma pergunta que diz respeito à nossa vida? **Se aprendermos a compartilhar nossas expectativas e nossos sonhos com uma postura firme, em vez de pedir licença aos homens,** nós os ajudaremos a ver-nos como companheiras que pedem ajuda para pensar e não como pessoas infantilizadas que precisam de licença para seguirem seus sonhos."

Amy Matthews é uma advogada de trinta anos que atualmente está em casa tomando conta de sua filha pequena. "Além de estar extremamente insatisfeita na firma em que trabalhava, ficava aflita por quase não ter tempo para conviver com nossa filha, pois saía cedo de casa e voltava muito tarde. Tinha um alto salário, o que nos permitia um padrão elevado de vida. Mas a insatisfação foi chegando a um tal nível, que resolvi conversar com meu marido. Depois de examinarmos as várias alternativas, decidimos juntos que eu deixaria o trabalho para me dedicar à nossa filha. De noite, faria um curso de extensão universitária e, quando ela entrasse na escola, voltaria para o mercado de trabalho. Isto implicou uma baixa no padrão de vida e a necessidade de meu marido cuidar da menina enquanto eu estava estudando. Eu me considero uma mulher privilegiada por ter um companheiro tão pronto a colaborar com a minha coragem. Espero que nossa filha aprenda com o exemplo do pai que as mulheres têm tanto direito quanto os homens de seguir seus sonhos. Talvez ela viva numa sociedade em que os casamentos sejam realmente feitos de companheirismo e não de preconceitos de sexo."

O DESAFIO DO AMBIENTE DE TRABALHO

Até pouco tempo atrás, o trabalho das mulheres era definido por seu gênero. Se tivessem que ganhar a vida, tinham que exercer uma atividade ligada ao trabalho doméstico, como enfermeiras, professoras, assistentes sociais. Eventualmente se tornavam datilógrafas, secretárias e telefonistas.

A Segunda Guerra Mundial promoveu as mulheres para o trabalho nas fábricas, onde substituíram os homens convocados para defender seus países. Quando a guerra terminou e os homens voltaram para casa, as mulheres tinham experimentado o gosto de ganhar seu próprio sustento – obtendo assim o controle de suas próprias vidas – e rapidamente ficaram insatisfeitas com seu confinamento em casa. Esta insatisfação, aliada a um controle de natalidade confiável, em pouco tempo levou-as correndo de volta ao mercado de trabalho e aumentou enormemente o número de divórcios.

Mas o ambiente de trabalho também tinha seus inconvenientes. As mulheres ganhavam consideravelmente menos do que os homens por trabalhos equivalentes – e ainda tinham que assumir inteiramente a responsabilidade do trabalho doméstico e da criação dos filhos. Pouco depois, os movimentos feministas e as ações organizadas geraram leis que forçaram as portas do mundo corporativo, fazendo com que ele se abrisse para as mulheres com remunerações mais eqüitativas. Nos anos sessenta e setenta, apesar de só ganharem cinqüenta e nove centavos por cada dólar ganho pelos homens por trabalho equivalente, as mulheres conseguiram sólidos avanços. Nos anos oitenta, o salário das mulheres passou, nos Estados Unidos, para setenta centavos por dólar ganho pelos homens por trabalho similar, mas elas ainda continuavam numa "gaiola de vidro", um preconceito invisível que mantinha as mulheres afastadas dos cargos de chefia.

Com o desenvolvimento da indústria de alta tecnologia há mais de vinte anos, as mulheres acharam que suas conquistas iriam aumentar. Mas isto não aconteceu. Com algumas exceções, as mulheres ainda lutam duramente para conseguir cargos de chefia. A cultura continua condicionada a procurar homens para exercer liderança, e o poder não se baseia apenas na competência. Nos negócios, as mulheres ainda enfrentam um código diferente dos homens.

Apesar de ser verdade que as mulheres progrediram muito nos últimos tempos, as desigualdades continuam, e ainda lutamos por uma igualdade total. Nancy Ramsey, que escreveu com Pamela McCorduck *The Future of Women* (O futuro das mulheres), compartilha algumas dessas conclusões em seu livro. As conclusões calculam o futuro usando 1970 como base para a mudança. Em 1999, menos de três por cento dos grandes chefes das grandes empresas eram mulheres. **Seguindo esta média, só no ano de 2270 as mulheres e os homens estarão ocupando cargos de chefia nas grandes corporações em igualdade de condições.** Ramsey diz: "O Congresso só deverá ter igualdade de representação de homens e mulheres por volta de 2500. O mesmo acontece em relação aos salários, já que as mulheres hoje ainda ganham setenta e cinco centavos por cada dólar ganho pelos homens. Se considerarmos estes números, a transição para a igualdade de mulheres e homens parece congelada."

As profissões tradicionais das mulheres não melhoraram

Para poder comparar os empregos das mulheres nas corporações americanas com as profissões tradicionais das mulheres, entrevistei Edna Cadmus, Ph.D., e executiva de enfermagem num centro médico da costa leste dos Estados Unidos. Quando conversei com ela, tomei conhecimento que a profissão de enfermeira, com o magistério ou o trabalho de secretária, é uma das mais exercidas pelas mulheres.

Cadmus, que é enfermeira há mais de vinte e três anos, contou-me que, apesar de o meio médico estar sempre em mudanças rápidas e constantes, a dinâmica em torno dele não acompanha essas mudanças. Os hospitais tendem a ser organizados de modo hierárquico, que garante um método de operação burocrático e mecanicista. Esta ordem masculina entra em choque com a natureza afetiva da profissão de enfermeira, predominantemente exercida por mulheres. Cria-se assim uma tensão entre essas duas posturas opostas que provoca raiva nas enfermeiras quando elas percebem que são as únicas de quem é exigida uma participação emocional. No entanto, **a raiva não é considerada uma emoção feminina aceitável.** Muitas enfermeiras ficam divididas entre a raiva que sentem e o afeto a ser dedicado aos pacientes, e esse conflito compromete a eficiência de suas funções.

Depois de discutir minha pesquisa com Cadmus, mandei-lhe o impulso inicial (ver pág. 81). Mais tarde, ela me disse que os comportamentos corajosos poderiam ser um valioso instrumento de ajuda para profissionais de enfermagem. Cadmus afirma: "Uma enfermeira pode escolher não transigir com seus valores se reconhecer que sua coragem é forte e determinada. Se não tiver medo de admitir sua vulnerabilidade, ela se sentirá mais livre para pedir a ajuda de que precisa. A coragem de assumir riscos faz com que ela decida se expor conscientemente às críticas e aos conflitos. A raiva pode debilitá-la ao longo do tempo, mas a coragem de falar no assunto é capaz de diminuir ou eliminar essa frustração."

O mesmo tipo de problema também existe no nível das executivas. Quando as mulheres progridem nas organizações hospitalares e assumem cargos de direção, a maioria de seus colegas é homem. Disse Cadmus: "Neste nível, a enfermeira executiva muitas vezes é vista de modo diferente, por ser enfermeira e mulher. **Manter e defender seus pontos de vista requer coragem de superar o medo do fracasso e a falta de aceitação dos colegas.** Falar firme numa estrutura dominada pelos homens pode ser arriscado e resultar até em fracasso. Nesta circunstância, é difícil ter a capacidade de não mudar ou comprometer seus valores fundamentais. Acredito que a coragem vem de dentro do coração de cada uma de nós – é o que todas as enfermeiras e mulheres têm naturalmente."

Vale tudo no amor e na guerra

Como podemos utilizar a coragem das mulheres como um instrumento de transformação? Esta pergunta me faz lembrar a peça favorita de minha querida amiga Catharyn, *Lisístrata,* de Aristófanes. Lisístrata, uma mulher de Atenas, reuniu todas as mulheres da cidade e das vizinhanças em guerra para lutar pela paz. A estratégia das mulheres era se recusarem a ir para a cama com seus maridos até que a paz fosse declarada. Isto não quer dizer que devemos usar o sexo para conseguir o que queremos. No entanto, o que esse episódio mostra de fundamental é **o que pode acontecer se as mulheres exercerem o controle sobre as áreas de suas vidas em que têm o poder de mudar o curso da história.**

Estimulando a coragem no ambiente de trabalho

As mulheres que estão construindo o século vinte e um têm que usar seus atributos de coragem para conseguir avanços no ambiente de trabalho.

A Dra. Judith Briles, escritora e conferencista especializada em problemas da mulher no ambiente de trabalho, passou anos pesquisando a existência de sabotagem por parte de colegas de trabalho. Seu livro mais recente, *Woman to Woman 2000: Becoming Sabotage Savvy in the New Millenium* (Mulher para mulher 2000: tornando-se perita em sabotagem no novo milênio), afirma que as mulheres têm mais tendência a sabotar outras mulheres.

Numa entrevista, a Dra. Briles afirmou que acredita que o fato de serem sabotadas por outras mulheres no ambiente de trabalho impede as mulheres de utilizarem sua coragem. Disse ela: "Um dos problemas que acontece com as mulheres tem origem nos condicionamentos que vêm da infância. Chamo estes condicionamentos de 'momismos', obediência à mãe. Um exemplo de 'momismo' é a advertência ouvida desde criança: 'não brigue'. Mais tarde na vida, talvez no trabalho, as mulheres terão essa reação diante de uma situação de confronto, interpretando como briga uma mera atitude de defesa. Ao temer defender-se, muitas mulheres se submeterão, deixando as sabotadoras de mulheres continuarem seu trabalho destrutivo. Ao fazer isso, e sentirem-se violentadas e frustradas, essas mulheres estarão também sabotando sua própria coragem."

A Dra. Briles afirma que usar a coragem no trabalho significa insurgir-se e expressar sua indignação sempre que houver sabotagem. A vítima deve denunciar qualquer ato de sabotagem e exigir que ele seja imediatamente interrompido.

Até pouco tempo atrás, a mulher, em certas culturas, seria severamente punida por seus parentes homens se recusasse casar com o homem que sua família escolhesse para ela. Agora a maioria das mulheres tem o direito de escolher o companheiro de sua preferência e pode decidir fazer "trabalhos masculinos". Hoje em dia, as mulheres constituem mais de 50 por cento da força de trabalho. A maior parte das mulheres que trabalham quer ter uma carreira e também marido e filhos. Para que possam fazer suas próprias escolhas, é preciso que usem sua coragem de forma coletiva, exigindo do Estado que crie condições para que possam acumular e dividir com seus maridos as tarefas familiares e profissionais.

Chegou a hora de as mulheres finalmente reivindicarem o prêmio de sua auto-realização que, vagarosamente, vêm construindo no correr dos séculos. Chegou a hora de darem as mãos aos seus companheiros, de se olharem com admiração e respeito, reconhecendo igualdades de direito c diferenças de características para, juntos, construírem o mundo de paz e justiça que todos desejam.

Pensamentos finais

A CORAGEM É O ARCO-ÍRIS

Tenho a sorte de ter nascido num lugar em que, com muita freqüência, aparecem arco-íris duplos. Há pouco tempo vi um maravilhoso. As pessoas saíam estarrecidas de suas casas para contemplarem, maravilhadas, as vibrantes faixas coloridas que atravessavam os céus. O outono estava começando, e as últimas flores transbordavam dos canteiros. Muitos pensamentos encheram minha mente ao olhar para aquela maravilhosa criação da natureza.

No dia em que vi esse arco-íris, estava terminando a longa jornada de escrever meu primeiro livro. Tinha levado muitos anos – muito mais do que esperava. Expor meu coração naquela jornada foi para mim uma catarse de cura. Entrei em contato com a busca do sagrado feminino dentro de mim – dentro de todas as mulheres. O poder transformador da minha energia feminina despertou de novo minha deusa-mãe, a mãe divina que convoca todas as mulheres para salvar o mundo da destruição.

Muitas vezes, no decorrer de minha vida, perdi meu eixo interno. Ao refletir sob o majestoso arco-íris, pensei na figura mítica de Íris. Esta bela mulher, mensageira dos deuses, viajou pelo arco-íris que liga a terra a outros mundos. Diana Wells escreve sobre a flor que tem o nome da deusa em *100 Flowers and How They Got Their Names* (100 flores e de onde vêm seus nomes): "Ela (Íris) acompanhava as almas através da ponte luminosa para a outra vida, e muitas vezes unia os pensamentos dos deuses e dos homens. Ela era o elo desejado com aqueles que amamos intensamente, mas que estão sofrendo sem que saibamos."

As mulheres são como flores que refletem as cores do arco-íris – as variedades são muitas, cada uma importante e única a seu modo. Quando penso no meu amor pelas flores e pelos arco-íris, me lembro de uma de minhas flores preferidas – o amor-perfeito. É uma flor ligada à idéia de bravura e faz parte de uma família de plantas originária do Oriente Médio. Os antigos guerreiros celtas tomavam vinho com o gosto desta planta para terem coragem. Nas pinturas medievais, os mantos da Virgem Maria são quase sempre de um azul celestial da cor do amor-perfeito. Amores-perfeitos são usados muitas vezes para decorar os cartões do Dia dos Namorados, expressando amor e carinho.

Essas flores pequenas e cheias de significado simbolizam a mensagem principal deste livro: **todas as mulheres precisam da coragem dos amores-perfeitos para viajar por sua estrada própria.** Em sua jornada para tomar posse do seu ser, a coragem de cada mulher pode estar fechada como um botão que de repente desabrocha milagrosamente, à medida que se expande dentro dela a coragem, provocando um florescer maravilhoso.

As mulheres são a força capaz de despertar a consciência do mundo. Nossa salvação reside em viver de acordo com a verdade de nossos corações e de nossos espíritos, congregando nossa coragem.

Neste novo milênio, as mulheres estão gerando uma energia divina capaz de despertar os corações e os espíritos esquecidos de cada mulher.

Bibliografia

ALCOTT, Louisa May. *An Old-Fashioned Girl.* Concord Mass.: Orchard House Edition, 1936.

ARISTÓFANES. *Lisístrata ou a Greve do Sexo*. São Paulo: Editora 34, 2002 .

BATESON, Mary Catherine. *Composing a Life*. Nova York: Penguin Group, 1989.

BAUM, L. Frank. *O Mágico de Oz*. São Paulo: Editora Ática, 1997.

BREWER, Ebenezer Cobhan. *Brewer's Dictionary of Phrase and Fable*. Nova York: Harper Resource, 16ª edição, revista por Adrian Room, 1999.

BRILES, Judith. *Woman to Woman 2000: Becoming Sabotage Savvy in the New Millennium*. Far Hills, N.J.: New Horizon Press Publishers, 1999.

BROWN, Rita Mae. *Rubyfruit Jungle*. Nova York: Bantam Books, 1973.

CONDREN, Mary. *The Serpent and the Goddess: Women, Religion, and Power in Celtic Ireland*. São Francisco: Harper & Row, 1989.

COVEY, Stephen R. *Os 7 Hábitos das Pessoas Altamente Eficazes*. São Paulo: Best Seller, 2001.

DE BECKER, Gavin. *Virtudes do Medo*. Rio de Janeiro: Rocco, 1999.

DYSON, Esther. "The Sound of the Virtual Voice". *The New York Times Magazine*, 16 de maio de 1999.

EGAN, Jennifer. "Power Suffering". *The New York Times Magazine*, 16 de maio de 1999.

EISLER, Riane Tennehaus. *O Prazer Sagrado*. Rio de Janeiro: Rocco, 1997.

FRANKLIN, Benjamin. *Autobiografia*. Rio de Janeiro: Ediouro.

GILLIGAN, Carol. *Teoria Psicológica e Desenvolvimento da Mulher*. Lisboa: Fundação Calouste Gulbenkian, 1997.

GOLDBERGER, Nancy, et al., eds. *Knowledge, Difference and Power: Essays Inspired by Women's Ways of Knowing*. Nova York: Basic Books, 1996.

GOLEMAN, Daniel. *Inteligência Emocional*. Rio de Janeiro: Objetiva, 1996.

HARGROVE, Robert. *Colaboração Criativa*. São Paulo: Cultrix, 2001.

JAWORSKI, Joseph. *Sincronicidade*. São Paulo: Best Seller, 2000.

MCCORDUCK, Pamela, e Nancy Ramsey (contribuição). *The Future of Women*. Reading, Mass.: Addison-Wesley Publishing Company, 1996.

MACINTYRE, Alasdair. *Depois da Virtude*. São Paulo: Edusc, 2001.

MATURANA, H. e VARELA, F. *A Árvore do Conhecimento*. São Paulo: Psy, 2001.

METER, Van Jonathan. "Oprah's Moment". *Vogue*, outubro de 1998.

MINARD, Rosemary, ed. *Womenfolk and Fairy Tales*. Boston: Houghton Miflin Company, 1975.

MORGAN, Susan. "Par Excellence". *Mirabella*, março de 1999.

MYSS, Caroline, Ph.D. *Anatomia do Espírito*. Rio de Janeiro: Rocco, 2000.

NIX, William H. *Character Works*. Nashville: Broadman & Hotman 1999.

PALMER, Helen. *O Eneagrana no Amor e no Trabalho*. São Paulo: Paulinas, 1999.

PEARMAN, Roger R. e Sarah C. Albritton. *I'm Not Crazy, I'm Just Not You: The Real Meaning of the 16 Personality Types*. Palo Alto, Calif.: Davis-Black Publishing, 1997.

PEARSON, Carol S. *O Herói Interior*. São Paulo: Cultrix, 1994.

PIERRE, Peggy Claude. "Anorexia: A Tale of Two Daughters". *Vogue*, setembro de 1997.

PIPHER, Mary. *O Resgate de Ofélia*. São Paulo: Martins Fontes, 1998.

ROBBINS, Michael. *Tapestry of the Gods, Section One*. Mariposa, Calif. University of the Seven Rays Publishing House, 1996.

SHAKESPEARE, William. *Cimbeline, Rei da Britânia*. São Paulo: Iluminuras, 2002.

SONTAG, Susan. "Women". *Vogue*, novembro de 1999.

STODDARD, Alexandra. *Fazendo Escolhas*. São Paulo: Best Seller, 2002.

STONE, Merlin. *When God Was a Woman*. Inglaterra: Harvest/HBJ Edition, Dial Press, 1976.

TARULE, Mattuck Jill. "Voices in Dialogue: Collaborative Ways of Knowing". In: *Knowledege, Difference, and Power: Essays Inspired by Women's Ways of Knowing*. Editado por Goldberger et al. Nova York: Basic Books, 1996.

TERWILLIGER, Cate. "Battle On!" *Denver Post*, 14 de setembro de 1998.

WELLS, Diana. *100 Flowers and How They Got Their Names.* Chapel Hill: Algonquin Books of Chapel Hill, 1997.

WOLF, Naomi. "The Future Is Ours to Lose". *The New York Times Magazine*, 16 de maio de 1999.

O Mágico de Oz (filme). Victor Fleming, diretor. Hollywood: Metro-Goldwin-Mayer Pictures, 1939. Baseado no livro de Frank Baum, *O Mágico de Oz*, 1997.

Nota da Autora

Sinto que existe algo inexplorado sobre as mulheres
que apenas uma mulher pode explorar...
Georgia O'Keeffe

Todas as histórias de vida incluídas neste livro são experiências verdadeiras e atuais das mulheres entrevistadas. Como algumas delas não quiseram que suas identidades fossem reveladas, usei apenas seus primeiros nomes ao longo do livro. Em alguns casos até mesmo o primeiro nome foi mudado para que elas se sentissem mais protegidas, mas as histórias são exatamente iguais às que elas me contaram.

Sou imensamente grata a todas as mulheres que compartilharam comigo suas experiências de vida, seu tempo precioso e seu sofrimento. A coragem que encontrei nelas são uma inspiração para todos nós. Agradeço-lhes de coração. Também agradeço a todos os profissionais de medicina, sociologia, teologia e psicologia que consultei sobre as premissas deste livro. Agradeço aos autores que citei e aos amigos que me encorajaram e me confortaram durante os longos meses de preparação deste manuscrito.

Sandra Ford Walston
Denver, Colorado
Janeiro de 2000

Sobre a Autora

Sandra Ford Walston presta consultorias e dá seminários sobre habilidades e relacionamentos. Oradora profissional, ela dirige programas para empresários, treinando-os a superar os mais diversos desafios nas áreas de formação de equipe, comunicação, mudança, liderança, promoção gerencial, vendas, atendimento ao cliente, gerenciamento do tempo e desenvolvimento do companheirismo e da confiança. Entre as empresas que já utilizaram a ajuda da autora estão a IBM e a General Electric.

Sandra já realizou seminários na UCLA, na Universidade do Colorado, na Universidade de Denver e na Colorado Society of Certified Public Accounts, além de ter publicado inúmeros artigos e desenvolvido mais de cinqüenta programas de treinamento das habilidades interpessoais.

Para saber mais sobre Sandra Ford Walston e suas atividades, visite o site: www.walstoncourage.com

Iyanla Vanzant

A Vida Vai Dar Certo para Mim

Este livro é um guia para o crescimento pessoal e espiritual, uma esplêndida oportunidade de você se conhecer. Quando se dedica a curar o seu mundo interior, se amando e se respeitando, todas as riquezas deste mundo vêm até você. Com a intensidade de suas palavras, a autora oferece 365 lições de vida neste livro, uma para cada dia do ano.

Enquanto o Amor Não Vem

O que é que se faz enquanto o amor que se deseja não vem?

"Haverá um momento em sua vida em que o amor vai chegar. Antes disso, você terá feito tudo o que podia, tentado tudo o que podia, sofrido o quanto podia e desistido muitas vezes. Mas posso lhe garantir que esse dia virá. Nesse meio tempo, este livro vai lhe ensinar algumas coisas que você pode fazer para se preparar para o dia mais feliz de sua vida: o dia em que experimentar o amor verdadeiro."

Iyanla Vanzant

Um Dia Minha Alma se Abriu por Inteiro

Este livro é um precioso companheiro na jornada que empreendemos em busca da felicidade. Ele nos fala da verdade, da confiança, da escolha, dos limites, do perdão, da raiva, do medo, da culpa, da alegria e do amor, totalizando quarenta valores e sentimentos que são parte essencial da vida.

Ontem, Eu Chorei

"Espero que, ao ler este livro, vocês encontrem coragem para chorar e compreender por que estão chorando. Espero que percebam as lições por baixo das lágrimas e que sejam capazes de se amar em qualquer circunstância e apesar de tudo."

Iyanla Vanzant

Thich Nhat Hanh

Aprendendo a Lidar com a Raiva

"A condição básica para a felicidade é a *liberdade*. Não estamos nos referindo aqui à liberdade política, e sim à liberdade que conquistamos quando nos libertamos da raiva, do desespero, do ciúme e das ilusões. Enquanto eles estão no nosso coração, é impossível ser feliz. Vou lhes dar instruções concretas sobre como transformar o anseio, a raiva e a confusão que existem dentro de nós."

Thich Nhat Hanh

Osho

O Livro da Transformação

As histórias e parábolas deste livro são ferramentas para a autodescoberta. São ensinamentos preciosos que nos instigam a buscar a verdade dentro de nós mesmos e a alimentar a nossa percepção.

O Livro da Transformação utiliza as mais tradicionais fontes de sabedoria do mundo. Há histórias sobre a paixão e o amor de Jesus, assim como sobre a pureza e a sabedoria de Buda. E como essas lições são contadas de forma simples mas contundente, elas tocam fundo nossos corações.

Eckhart Tolle

O Poder do Agora

Com mais de um milhão e duzentos mil exemplares vendidos em todo o mundo, *O Poder do Agora* se tornou um dos maiores fenômenos da literatura espiritual por sua capacidade de transmitir uma mensagem simples e transformadora: viver no agora é o melhor caminho para a felicidade e a iluminação.

Combinando conceitos do cristianismo, do budismo, do hinduísmo, do taoísmo e de outras tradições espirituais, Tolle elaborou um guia de grande eficiência para a descoberta do nosso potencial interior.

Jack Canfield e Mark Victor Hansen

Histórias para Aquecer o Coração

As emocionantes histórias deste livro nos falam do extraordinário poder de superação que a vida tem, da força com que ela nos impele para enfrentar desafios e superar dificuldades.

Marc Gafni

As Marcas da Alma

Com sábios conselhos e interessantes sugestões de atividades, o filósofo e rabino Marc Gafni nos leva a identificar as marcas da nossa alma, aquilo que nos torna únicos e preciosos. Assim podemos nos conectar de forma mais profunda com nós mesmos, com os outros e com o mundo à nossa volta. Sua mensagem é de esperança: viver nossa história é descobrir o sentido de nossas vidas e encontrar paixão, satisfação e alegria em nosso dia-a-dia.

Dorothy Law Nolte e Rachel Harris

As Crianças Aprendem o que Vivenciam

Este livro vai ajudar você a refletir sobre o exemplo que está dando aos seus filhos. Ele traz ensinamentos fundamentais para que os pais ajudem as crianças a lidar com o medo, a hostilidade e a inveja, assim como a desenvolver a autoconfiança, a coragem, o senso de verdade e justiça, o amor e o respeito pelos outros.

Ernie J. Zelinski

Levando a Vida numa Boa

A felicidade requer trabalho, mas não um trabalho intenso, como acredita a maioria das pessoas. A felicidade requer que se preste atenção à vida. Por isso, todos deveríamos ter um pequeno livro como este para ser consultado de tempos em tempos.

Hugh Prather

Não Leve a Vida Tão a Sério

A vida não precisa ser tão complicada quanto insistimos em torná-la. A simples decisão de não se agarrar aos problemas pode melhorar – e muito – nossas vidas. É isso o que Hugh Prather nos mostra, com humor e clareza, neste livro. Ele escreve sobre as dificuldades do dia-a-dia e nos dá ferramentas para contorná-las, mudando o que há de mais importante na vida: nossa atitude mental e a forma de reagir aos inevitáveis contratempos.

Cheryl Richardson

Sua Vida em Primeiro Lugar

Neste livro, você contará com a experiência de Cheryl Richardson, a mais conceituada treinadora pessoal americana, uma especialista em ajudar seus clientes a encontrar o equilíbrio entre vida pessoal e profissional.

Ela será sua orientadora e parceira, sempre pronta para lhe ajudar a superar os obstáculos que impedem que sua vida tome o rumo que você deseja. Ao longo deste treinamento, você vai aprender a organizar suas finanças, definir suas prioridades e assumir o controle total da sua vida!

Pema Chödrön

Comece Onde Você Está

Comece Onde Você Está é um guia indispensável para despertar a amizade e a compaixão em relação a nós e aos outros. Pema Chödrön nos mostra que podemos "começar onde estamos", abraçando, em vez de negar, os aspectos dolorosos da vida.

Ela estrutura seus ensinamentos em 59 preceitos tradicionais do budismo tibetano, como: mantenha sempre uma mente alegre, não procure fazer da dor alheia as pernas de sua própria felicidade, medite sobre tudo que provoca ressentimento e seja grato a todos.

Allan e Barbara Pease

Por que os Homens Fazem Sexo e as Mulheres Fazem Amor?

Neste livro você vai conhecer os importantes avanços da ciência da evolução humana e como suas descobertas se aplicam ao relacionamento entre homens e mulheres. Serão apresentadas algumas conclusões perturbadoras e controvérsias vão surgir, mas vamos nos reconhecer, entender melhor muitas coisas e, certamente, aprender a conviver melhor.

Por que os Homens Mentem e as Mulheres Choram?

Com base em pesquisas e estudos científicos, os autores de *Por que os Homens Fazem Sexo e as Mulheres Fazem Amor?* – que vendeu mais de 6 milhões de exemplares em todo o mundo – explicam o comportamento sempre imprevisível do "outro sexo". De forma clara e bem-humorada, eles respondem às nossas principais dúvidas e apresentam soluções práticas para tornar a convivência entre homens e mulheres mais prazerosa.

– *Histórias para Aquecer o Coração*,
de Mark Victor Hansen e
Jack Canfield

– *100 Segredos das Pessoas Felizes* e
100 Segredos das Pessoas de Sucesso,
de David Niven

– *Aprendendo a Costar de Si Mesmo*,
de Louise Hay

– *Um Dia "Daqueles"*, *Querida Mamãe* e
O Sentido da Vida,
de Bradley Trevor Greive

– *Você É Insubstituível* e
Dez Leis para Ser Feliz,
de Augusto Cury

– *A Vida É Bela*,
de Dominique Glocheux

– *Faça o que Tem de Ser Feito*,
de Bob Nelson

– *Não Leve a Vida Tão a Sério*,
de Hugh Prather

INFORMAÇÕES SOBRE OS PRÓXIMOS LANÇAMENTOS

Para receber informações sobre os próximos lançamentos da EDITORA SEXTANTE, queira entrar em contato com nossa Central de Atendimento, dando seu nome, endereço e telefone para:

EDITORA SEXTANTE
R. Voluntários da Pátria, 45 – Gr. 1.404 – Botafogo
22270-000 – Rio de Janeiro – RJ
Tel.: (21) 2286-9944 – Fax: (21) 2286-9244
DDG: 0800-22-6306 (ligação gratuita)
E-mail: atendimento@esextante.com.br

Para saber mais sobre nossos títulos e autores, e enviar seus comentários sobre este livro, visite o nosso site:

www.sextante.com.br

PAPEL
CHAMOIS-BULK alta performance alcalino

Impresso em papel Chamois Bulk Alta Performace Dunas 90g/m² da Ripasa S/A, fabricado em harmonia com o meio ambiente.